丛书编委会

总　策　划：来新国　王文成

编委会主任：郭齐勇　周晓亮

编　　　委：来新国　陈知涯　张　彧　尹格韬　沈　众

　　　　　　王文成　孟淑贤　周长志　罗养毅　秦　丹

　　　　　　乌　琛

大家精要

刘宗周

姚才刚 著

陕西师范大学出版总社

图书代号 SK17N0207

图书在版编目（CIP）数据

刘宗周/姚才刚著. —西安：陕西师范大学出版总社
有限公司，2017.5（2024.1重印）
　　（大家精要）
　　ISBN 978-7-5613-8970-6

　　Ⅰ.①刘… Ⅱ.①姚… Ⅲ.①刘宗周（1578—1645）—
传记 Ⅳ.①B248.995

中国版本图书馆CIP数据核字（2017）第068298号

刘宗周　LIU ZONGZHOU

姚才刚　著

责任编辑	陈柳冬雪	
责任校对	郑若萍	
特约编辑	仲济云	
封面设计	张潇伊	
出版发行	陕西师范大学出版总社	
	（西安市长安南路199号　邮编 710062）	
网　　址	http://www.snupg.com	
印　　制	永清县晔盛亚胶印有限公司	
开　　本	650 mm×930 mm　1/16	
印　　张	10	
字　　数	100千	
版　　次	2017年5月第1版	
印　　次	2024年1月第2次印刷	
书　　号	ISBN 978-7-5613-8970-6	
定　　价	45.00元	

读者购书、书店添货或发现印刷装订问题，请与本公司销售部联系、调换。

电话：（029）85303879　传真：（029）85307864　85303629

目 录

第1章 坎坷家世与苦难人生 / 001

　一、坎坷家世 / 002

　二、苦难人生 / 007

第2章 读书、交游与讲学 / 015

　一、天生即是一书生 / 015

　二、道义之交 / 027

　二、讲学明道 / 038

第3章 政坛清流人物（上）/ 052

　一、初涉政坛 / 055

　二、再度出仕 / 058

　三、以躐升为耻 / 065

第4章 政坛清流人物（下）/ 076

　一、"刘顺天" / 077

二、忤逆崇祯帝 / 085

第5章　"慎独"与"诚意" / 093
一、以"慎独"标宗 / 093
二、"诚意"新说 / 099

第6章　"改过"说 / 104
一、"改过"说的精义 / 104
二、"改过"说的现代启示意义 / 111

第7章　辩难王学 / 116
一、王阳明心学的理论缺失 / 116
二、刘宗周对王学的辩难、修正 / 123

第8章　临难仗节，彪炳史册 / 133
一、最后的抗争 / 134
二、以身殉国 / 140

附录
年谱 / 149
主要著作 / 151
参考书目 / 152

第 1 章

坎坷家世与苦难人生

刘宗周是明末大儒。他生于万历六年正月二十六日（1578
年 3 月 4 日），卒于南明弘光元年闰六月初八日（1645 年 7 月
30 日），绍兴府山阴县（今浙江绍兴）人。刘宗周本名宪章，
字宗周，十八岁应童子试时，因考官误以字为名，于是易名为
宗周，以起东（一作启东）为字。刘宗周的名号甚多，如念台
子、念台先生、山阴先生、山阴废士、蕺山长、蕺山长者、蕺
山先生、望中山人、还山主人、读易小子、克念子等等。

刘宗周是一位刚正敢言之人，他在朝廷任职期间，常常不
顾个人的安危，犯颜直谏，指斥时弊，弹劾奸党，为魏忠贤、
温体仁、马士英之流所不容，也为明末的几位皇帝所不容，因
而三次被革职为民。刘宗周平日居家则以清苦、严毅而著称，
笃行自律，以"宿儒重望"而为晚明清流领袖。在南明大势已
去的情况下，他临难仗节，以身殉国。刘宗周称得上是一位粹
然真儒，他以高尚、卓绝的人格而彪炳于史册。

在学术上，刘宗周汲取了周敦颐的"主静"说、二程的
"义理之学"、朱熹的理学、王阳明的心学、罗钦顺的气学等思

想精华，加以融会贯通，同时又自立新说，极力倡导慎独、诚意之说，卓然成一家之言。刘宗周尤其受王阳明心学的影响，曾经遍读王阳明的文集，一度尊信王阳明心学，但刘宗周并不拘泥于王阳明已有之说，他由王门后学流弊反观王阳明理论的缺陷，并以殷切之心修正、辩难王学，对王学做了很多补偏救弊的工作。

刘宗周之子刘汋及现代学者姚名达所撰的《年谱》对宗周形象及精神气质有如下描述："先生生而清异，人以寒玉称之，比壮年，丰骨拔群，龙睛剑眉，长体修髯，望而知为非常人；赋性方严，淡嗜好，寡言笑；禀质清癯，少壮强半卧病；迨晚年，涵养纯熟，体逾康愉，终日著书不倦；神气充足，面浮精彩。"

寥寥数语，已足以揭示刘宗周那种超拔而又平易、严峻而又怡然的儒者形象。古人做修持工夫，由外而内，同时也由内而外，德性充盈于内，气象展露于外，内外融为一体。然而，就是这位名震朝野、蜚声学界的大儒，其一生虽然有过辉煌，但也历经磨难，其家族以及个人的命运都十分坎坷、曲折。

一、坎坷家世

据姚名达先生所作的考证，刘宗周的先世为汉代长沙定王刘发之后，传至宋代刘礼时始迁居庐陵，刘礼四传而为扬州别驾刘廷玉，刘廷玉之子刘文质于元成宗大德年间任浙江山阴县幕僚，文质这一支脉也随之搬迁，定居于山阴县水澄里。进入明代之后，四世孙刘谨在童稚之时即赴滇南，又三传而为赠兵部右侍郎刘铎，铎生济，济生槃，槃生焞，焞生坡，坡生宗周。刘宗周是刘文质的第十一世孙。

刘宗周的曾祖父刘槩（字元平，号茅山）性情刚直，常常当面直陈他人的过失，与其交往者大都对其畏惧三分。刘槩不谙世务，不擅生计。至刘槩晚年时，家道逐渐衰落。刘槩之子、宗周祖父刘焞（字仲厚，号兼峰）为人坦荡，乐观豁达。兼峰公虽然有好学、求道之心，但未能取得功名，以耕地、打柴、捕鱼为生，他一生都是在贫穷、困顿之中度过的。兼峰公中年丧偶，受到了较大的打击。兼峰公夫妇育有三子，长子为刘宗周生父刘坡，次子、三子分别为刘瑛、刘瓒，三子均先于兼峰公而亡。兼峰公经历了如此之多的丧亲之痛，其心境之惨淡、悲凉可想而知，他本人至八十一岁老疾而终。如果没有一颗坦然、淡定之心，很难想象他能够度过如此漫长而艰难的岁月。这位老人忍受了常人难以想象的苦痛，但晚年尚能分享其孙子刘宗周高中进士的喜悦，这对他来说是一种莫大的慰藉。

刘宗周的父亲刘坡（字汝峻，号秦台）英年早逝，去世时年仅三十岁。古代医疗条件远非今日可比，刘坡仅因患痢疾而丧命。兼峰公曾对长子刘坡寄予厚望，希望刘坡日后学业有成，考取功名，光宗耀祖。他为儿子聘请了名师，十年间耗尽百亩田产。刘坡学习颇为用心，"居恒闭户读书"，十八岁时递补为会稽县生员。同时，他极其自律，"矜严好礼"，视、听、言、动都能做到不违于礼，深受老师、宗族长辈及邻里乡亲的称赞。但明代科举考试录取比例太低，"僧多粥少"，皓首穷经者多，最终能够获取功名者却很少。刘坡也未能实现其愿望，年纪轻轻即遽辞人世。刘坡去世时，刘宗周尚未出生。他虽然从来没有见过生父，可是从其后来表现出来的清正、严毅的性格特征来看，宗周颇有乃父风范。

对刘宗周的性格产生直接、深远影响的则是其母亲章为淑。章氏是会稽道墟人,天生质朴,性情贤淑,寡于言笑。她十八岁嫁给刘坡,数年后生有一女,后来又怀宗周,妊娠仅五月余,其夫君便患病而亡,撒手人寰。这对于二十七岁的章氏来说无疑是晴天霹雳,她顿有天崩地塌之感,当时女儿刚满周岁,自己又有孕在身,此后一家生计如何维持?一个弱女子如何撑起这个家?

章氏想到了死,欲以死殉夫。幸有父亲章颖(字叔鲁,别号南洲)极力劝阻,他对章氏说:“你若现在就去死,刘坡便断后了。假如老天有眼,几个月之后你为他生个儿子,刘坡若地下有知,也会倍感欣慰的,到那时再死也不算晚。”古代谓“不孝有三,无后为大”,章氏是谨守礼法、恪守妇道之人,南洲公此番开导,使她内心稍有安顿,打消了立即殉夫的念头。她撰文祭悼亡夫,且以“未亡人”(暂时未死之人)自称。古今中外有几人敢如此称呼自己?此断非精神陷入绝境者所可想象之事。章氏内心之悲苦由此可见一斑。十月怀胎,一朝分娩,身心备受打击的章氏顺利产下一子,他就是本书传主刘宗周。小宗周的降生多少弥补了一点章氏的亡夫之痛,但接下来的日子将变得愈加艰难:自养已经十分吃力,哪有余力再去抚养幼儿?夫家的经济每况愈下,贫穷以至于找不到立锥之地,无法为孤儿寡母提供一个有饭吃、有衣穿、有屋住的安身之所。万般无奈之下,章氏在宗周满月之后,经夫家及娘家的长辈许可,由南洲公出面求情,将其抱到娘家抚养。

娘家的生活也相当拮据,入不敷出。尽管如此,宗周的外祖父、两位舅父还是尽量接济章氏母子。章氏同时还有赡养兼峰公的义务,所以不得不频繁往返于绍兴水澄里和道墟二地,生活异常艰辛。一次因遭逢灾年，兼峰公为了渡过难关，被迫将水澄里的房产变卖他人，以至于无处安身，一度借住于亲戚家，后携二子转徙麻溪山庄。章氏也不得不随着夫家颠沛流离，苦不堪言，甚至觉得撑不下去，日夜恸哭，只求一死。南洲公见此情形，又出面恳请兼峰公，让章氏常住于道墟。她虽然住在自己的娘家，但仍然有寄人篱下之感，心情悲凉，因而尽可能地通过自己的劳动减轻娘家人的负担。章氏每天躬操纺织必至深夜。小宗周白天跟随外祖父上课，晚上则伴读于机杼之间。章氏有时无法排遣内心的苦闷，便向小宗周诉说，说到家庭的辛酸处，不觉潸然泪下。小宗周似懂非懂，但他从母亲的话语与泪花中已经感受到了生活的艰辛。

宗周母子生活极其俭朴，每日咽粗粮，甘淡味，尽管如此，家中仍有揭不开锅的时候。章氏一生未曾穿过丝帛绸缎之衣，仅有的几件帛衣则被收藏起来，以备日后嫁女之用。其日常所穿衣服大都经过多次缝补，冬天御寒之物乃是一些破棉袄、旧棉絮，几乎不成形，"缕缕成百结"。不过，章氏对宗周的学习从未放松过，她千方百计为宗周创造好的学习环境，所需学费则如数交上。家庭生活费及宗周学费支出之后若有节余，章氏就将余钱交给宗周舅父存储生息，而舅父资助的钱财则用以购买田地，以便日后能够为宗周留下一些赖以生存的财产。可怜天下父母心，章氏不足三十岁即守寡，在生计如此艰难的情况之下，她还能够为宗周想得如此周到！只是令人万分惋惜的是，恰好就在宗周考中进士的前夕，母亲却不幸病逝。她一生节衣缩食，为培养宗周耗尽了所有的心血，却无法亲自闻听宗周登第的捷报，骤然仙逝，从此与宗周阴阳两隔，这无论对于苦命母亲还是宗周来说，都是一件过于残酷的事情。

刘宗周的二叔刘瑛（字汝玉，别号中望）较有心计，也有重振家道的决心，可惜其运气不佳，在经营某项产业时因用人不当，遭受挫折，备受打击，四十五岁即抑郁而终。刘宗周的三叔刘瓒（字汝相，一字汝猷，别号秦屏）屡试不中，不得已以塾师为业，后因病去世，年仅三十三岁。刘宗周八岁时，尝跟随三叔秦屏公读《论语》。

再看刘宗周母族的情况。宗周的外祖父章颖与其族兄章礼、章焕并称为"章氏三杰"。他少时读书异常刻苦，对易学尤其有兴趣，曾拜访名师学《易》，后来撰有《易解》等著。南洲公设教于家乡以及家乡之外的许多地方，广招门徒，弟子逾千人。他虽然没有考取功名，但擅长教学，因材施教，其弟子科考成功者不乏其人，"弟子登科第者数十人"，比较有名者如徐阶、郭蒙吉、周应中、陶望龄等人。南洲公为人也极为豪爽，喜好饮酒，且酒量可观。在刘宗周的诸位长辈中，其外祖父南洲公所受磨难稍少一些，他的幸福感相对较高。刘宗周小的时候曾就读于南洲公所开设的塾馆。小宗周从未逃学旷课，上课也不东张西望，学习认真，南洲公对宗周十分疼爱。

南洲公膝下除女儿章为淑之外，还有两位公子：章为云、章为汉。有关章为云的史料较少，我们略去不表。而仲舅章为汉则被宗周多次提及。章为汉，字子清，别号萃台。据宗周回忆，萃台公是一位道德高洁之士，注重修身，一言一行都较为谨慎。他读书用功，以至于把身体搞得极度虚弱，甚至一度被迫放弃举业。但功夫不负有心人，万历十七年（1589），萃台公喜中乙榜，成为举人，随后步入官场，曾任县教谕、知县等职。萃台公的家庭颇为不幸，他先后迎娶王氏、胡氏，都相继病亡。萃台公后来又娶宋孺人，生有四子二女。这么多的子女，生活无疑相当不易，但萃台公一家仍然尽其所能地补贴宗周母子。

二、苦难人生

刘宗周的数位至亲长辈频遭不幸，其本人的一生同样充满了辛酸、苦涩。宗周是一个遗腹子，其童年生活的艰辛可想而知。尽管其祖父母、外祖父母以及叔婶、舅父母等尽可能地给他以关爱和呵护，但这种亲情关系对宗周而言毕竟隔了一层，父亲的过早去世给宗周童年乃至一生都蒙上了阴影。他自号"念台"，就是以此名号表达对于生父的无限思念（其父号"秦台"）。宗周的母亲虽然极其辛劳，谋划家庭生计，操持家务，但在古代社会环境下，单亲母亲的力量是十分微弱的，她们不可能为子女提供足够的衣食保障，更无法为子女提供足够的安全感。因为无父，小宗周自然会受到别的孩子欺负，这给其幼小的心灵带来了创伤。同时，母亲的无奈、焦虑也会传递给孩子，恰如何俊、尹晓宁在《刘宗周与蕺山学派》一书中所分析的：章氏性格内敛，谨微守矩，其内心深处隐藏着太多的苦闷，她有时难以抑制自己的情绪，禁不住哭泣，或者试图自杀，以求一死，这些方面均会给小宗周带来内心的紧张与不安。

宗周幼时即受到母亲的严格教导。自从丈夫去世之后，宗周便成为章氏存活于世间的唯一寄托，她对宗周抱有太多的希望，希望他日后学业有成，以便报答亡父的在天之灵。章氏对宗周经常使用的劝勉之语是："为汝父争气，望远大，吾愿足矣。"章氏对宗周的学习及平日的言行举止都作了硬性的规定，宗周稍有松懈，母亲便会马上予以警醒，矫正其过失。章氏颇有孟母遗风。孟子的父亲过早去世，留下孤儿寡母。孟母对孟子期望甚高，为培养孟子花费了不少心血，发生在孟母身上的诸如"孟母三迁""断梭教子"等故事堪称古代有关子女教育的经典案例。

其实不止孟母，历史上大凡父亲早逝而自身又卓有成就者，均离不开母亲极为严厉甚至苛刻的教育。比如，明代的大清官海瑞，其母亲年纪轻轻就守了寡。她和小海瑞相依为命，在偏远的海南岛过着清贫、苦闷的生活。海母将全部的心思都用在了海瑞身上，海瑞尚小之时便在母亲的授意下读《孝经》《论语》《孟子》等儒家经典。海瑞的一举一动都在母亲的监督之下，他不可能像其他小朋友那样玩耍嬉戏，否则，海母必然会板起面孔，厉声呵斥，史书中的原话是："严词正色诲之。"也许在一般人看来，小孩子偶尔调皮玩耍实属正常，犯不着如此义正词严，但海母却以成人的标准对待小海瑞。海瑞为官之后既严于律己，又严于律人，此点无疑受到了母亲的影响。当然，海瑞那种一生都未曾改变的孤僻、偏执的心理和性格也与其母亲极端严苛的教育方式不无关系。

单亲家庭的经历使得小宗周变得异常谨慎，从而过早地表现出成人化的性格，甚至显得有一点老气横秋。他没有真正感受到童年的乐趣。快乐、幸福对刘宗周而言几乎是一种奢侈品，他更需要的是坚忍、毅力与刻苦自励，是想方设法渡过一次又一次的难关。如果说宗周有何快乐，那也是一种德性的快乐，是在贫贱中却不气馁的颜回式的快乐，是迈向圣贤之域的境界之乐。

与中国古代大多数读书人一样，读书、参加科举考试、做官、著书立说、讲学论道，这是刘宗周人生活动的主要内容。成年之后的宗周显得愈加刚直，甚至在某些时候表现得有点不近人情，这与其小时候的家庭环境尤其是刘母的严厉教诲有着莫大的关系。宗周对自己的过失几乎是零容忍，在朝廷任职时对权臣乃至皇帝的道德污行也绝不宽恕。他所倡导并亲自实践的修养工夫是异常艰苦的，甚至让人感到不寒而栗。刘母曾以"未亡人"自称，而宗周本人晚年则以绝食的方式殉国，母子两人在这方面太相似了。

刘宗周一生在很多方面都取得了非凡的成就：品行高洁，堪称"道德完人"；勤于著书立说，论著颇丰；热衷于授徒、讲学，追随弟子众多，开创了独树一帜的蕺山学派；在政治上也颇有作为，对晚明政坛造成了一定的影响；等等。一个人如果在某个领域有所作为，往往需要付出无比艰辛的努力，如果同时在多个领域均有卓越表现，那更是需要具备超乎常人的意志和毅力。作为一位大儒和名臣，刘宗周一生刻苦自励，兢兢业业，从未懈怠。尤其难能可贵的是，宗周是在遭遇诸多个人及家庭不幸的情况下取得了以上成就。前面已提及，宗周父亲在其未出生之前即已病故，三叔、二叔也相继过早去世，祖父兼峰公老无所依，孤苦凄凉。万历二十六年（1598），宗周仲舅萃台公因病去世，三年后母亲又离开人世，外祖父南洲公因而也陷入困境之中，无人照料，作为孙辈的宗周必须同时承担起父族、母族双方家庭养老的重任。万历三十三年，宗周辞职回乡，专门侍奉祖父兼峰公和外祖父南洲公。二公在这一年内先后病逝，宗周伤心至极，好在他已辞掉公职，在二公去世之前，他日夜守候在病床前，并为二公送终，尽了作为孙辈应尽的孝道。宗周数年之内痛丧数位至亲长辈，身心备受打击，万历三十六年，其本人也在生活重压与失去亲人的双重夹击下病倒了，且病得不轻。宗周先是服用药饵，效果不佳，后来"专事静养"，方才逐步好转。长辈纷纷谢世，宗周感伤不已，他时时不忘缅怀长辈、先祖。万历四十六年，宗周将曾祖父茅山公以下三世移葬于会稽双井里菱山，三世共葬，葬毕，心里稍觉宽慰一些。

刘宗周敬重长辈、先祖，也爱妻儿。他十九岁迎娶母族侄女章氏为妻。章氏与宗周同岁，家境也十分贫寒。她吃苦耐劳，在乡里一直有贤淑之名。嫁到刘家后，章氏尽心尽力地侍奉婆婆，并且主动承揽了大部分家务，不管脏活累活，一概不推辞。刘宗周当时处于谋求功名的关键时期，昼夜苦读，但他稍有空闲，便协助夫人干活。《年谱》曰："先生舁（yú，即'抬'的意思）水，夫人浣衣；或夫人涤溺器，先生秉烛以导。见者谓有梁、孟之风。"这里所谓的"梁、孟"是指东汉的梁鸿、孟光夫妇。据说每当丈夫梁鸿回家时，妻子孟光就托着放有饭菜的盘子，恭恭敬敬地送到丈夫面前。为了表达对丈夫的尊敬，孟光不敢仰视丈夫的脸，总是把盘子托得跟眉毛齐平，梁鸿也总是彬彬有礼地用双手接过盘子，这也是成语"举案齐眉"的来源。说宗周夫妇"有梁、孟之风"，是表示他们非常恩爱，相敬如宾。宗周是一位孝子，也称得上是一位合格的丈夫。万历三十六年宗周病倒时，夫人也不幸患病，真是祸不单行！《年谱》说宗周夫妇"两榻相对者三年"。被病魔缠身的两人互相照应，彼此呵护，演绎了一段苦涩而又"浪漫"的爱情故事。

刘宗周夫妇育有子一人，即刘汋（字伯绳），女三人，即长女刘祖爱、次女刘祖祥、三女刘于泹，另有一女招儿夭折。

招儿、祖爱都先于宗周而亡，宗周悲痛万分，分别写有《哭招儿》《亡儿哀娥葬记》哀悼亡女。比如，《哭招儿》一诗写道："平生万点泪思亲，一点犹残上汝身。贫父终年无肉箸，小姑六岁已成人。索书问字之无样，待月牵行子妹驯。今日杜鹃空有恨，招来招去哭招频。"此诗写出了宗周作为父亲的悲痛、无奈以及对亡女的思念。

刘宗周给世人的印象固然是严毅，但有时也表现出"护犊"的情结。明熹宗执政后期，以魏忠贤为首的阉党大肆搜捕东林党成员及朝野内外的其他正直人士。天启六年（1626），传闻阉党派出的缇（tí）骑欲逮捕刘宗周以及同样反对阉党胡作非为的文震孟、姚希孟等人，为了防止可能发生的灾祸，宗周将年仅十五岁的儿子刘汋托付给自己的弟子陈尧年，让其携刘汋前往杭州一避风头，而他自己仍然安心读书于韩山草堂。宗周可以不计较个人的生死，但他十分担心子女的安危，于是采取了以上较为稳妥的做法。后来，缇骑不再南下，宗周才免于祸患。宗周是慈父，更是严父，他对子女的教育极其严格，尤其重视子女的德性培养。其晚年所著《人谱》在一定意义上也是一部教育宗族子弟的家训，儿子刘汋以及孙辈刘茂林、刘士林、刘长林、刘道林等人均依照《人谱》的教导而立身处世。

刘宗周及其家人一辈子都未能摆脱贫穷的命运。万历三十三年，其家庭生计一度陷入窘境，他不得不向住所附近的大善寺借贷粮食度日。到了还贷之日，刘宗周一定会如期奉还，可是还贷之后，家里又揭不开锅了，于是只好再去借贷，如此做法竟然持续了二十年之久。《年谱》中的原话是："方偿毕而复贷，如是者二十载。"刘宗周居家期间，主要是通过办私塾、授徒讲学获得一些生活薄资，其夫人也亲自从事日常劳作，以补贴家用。他们的日子过得紧巴巴的，非常艰难，但刘宗周并不以为意。

刘宗周在朝廷任职期间也是一个穷官。天启初年，他虽然在仕途上一帆风顺，可是他的待遇并不好，据说他"无钱僦屋，寓本部朝房，上雨下风"。堂堂一个京官，竟然没有一个体面的居所，只能"蜗居"在单位办公室里，而办公室也是"上雨下风"的。这说的是住。在行的方面，刘宗周同样十分寒酸，他不像有的京官那样，出门必坐轿子，前呼后拥的，他就"独乘一羸马"。生活虽然艰苦，工作还得继续。刘宗周绝无半点怨言，而是以饱满的热情投入本职工作之中去，且常怀忧国忧民之心。刘宗周在崇祯及南明弘光政权时期曾荣升为三品、二品的高官，他的生活条件改善了吗？没有，他仍然很穷。

比如，刘宗周在崇祯年间担任过顺天府尹（正三品），后辞官。当他离开顺天府时，守门者见刘宗周的地位如此之高，行李却又少得可怜，不禁肃然起敬，随口说出一句话："真清官也，吾辈死且服矣！"刘宗周几次做官，出入都门，无不行李一肩，人称"刘一担"。

再如，福王朱由崧建立南明弘光政权后，欲起用刘宗周，任其为都察院左都御史，宗周在赴南京任职的路途中，因直言上疏而得罪了朝廷中的一些权臣，高杰、刘泽清之流竟然以小人之卑劣手法，派遣刺客暗杀刘宗周，但令人意想不到的一幕出现了：刘宗周一行三人一天晚上借宿于萧寺之中，刺客潜入寺庙，见到刘宗周虽然是南明朝廷诏令、即将赴任的二品大员，却是衣衫褴褛，十分寒酸，顿时呆住了，他根本下不了手。于是，刺客"愕然相与慨惜告谢而去"。可见，即使作为职业杀手的刺客，也不忍心去杀像刘宗周这样外表清瘦、目光威严、气节凛然的清官。

刘宗周不管当多大的官，拥有多大的权力，他都不可能富起来。因为他不占公家一分一毫的便宜，也很少考虑个人及家庭的理财问题，清苦节欲是其终生奉行的行为准则。宗周在生活方面是完全不讲究的，他从小即是如此，至绝食殉国时也未尝改变。宗周六岁时，因无过冬的棉衣，仲舅萃台公将自己的一件旧棉衣送给宗周，我们可以想象，一个孩子整天穿着成人的衣服会是什么样子？但宗周竟然将这件极不合身的衣服整整穿了十年。他考中进士并被授予官衔之后，仍然"未尝以寸帛加体"，人们常言"穷秀才"，宗周则是"穷进士"。按照黄宗羲的描述，其师宗周一生"蔽帷穿榻，瓦灶破缶"。一些慕名来访的学者、官员见宗周如此寒酸，觉得有点难为情，为了避免与宗周形成巨大的反差，有人干脆在登门拜访之前故意换上破旧衣服，甚或"毁衣以入"。衣着朴素是宗周一贯的做法，无可厚非；但来访者为了迎合宗周而装出一副寒酸相，似显矫情。宗周在饮食方面同样是极其简单的，终其一生都是粗茶淡饭。有段时间他在朝为官，每日只花一二十文买一些豆腐、菜叶子作为下饭菜，被人称为"刘豆腐"。宗周作为一代大儒，在吃饭、穿衣方面固然可以不讲究，其读书、研究的条件是否好一点？并非如此，照样很差。《刘谱录遗》中说，宗周所用笔墨纸砚，不求精美，但求适用而已。他没有专门的书房，经常在自家的屋檐下读书、写作，甚至连书桌与餐桌都要合而为一：撤掉书册及笔墨纸砚，书桌即成为餐桌；反之，收拾好碗筷，餐桌则又变成了书桌。宗周晚年写作，因纸张不够，便常书写于废旧书籍的反面。宗周研究条件之恶劣，于此可见一斑，但这并没有影响到他思想的形成，没有妨碍他推出一部又一部的佳作。宗周如此节俭，并非出于怪僻的心理。他一向不愿用心于理财，自然没有足够的财富供其个人及家人消费。除此之外，还有更为重要的原因，也即当代学者何俊、尹晓宁先生所分析的，宗周的节俭、清苦本身就是一种修养工夫，通过清修，调御心猿，进而培养一种淡定的情怀，庶几可近于道。而且，宗周时常感叹未能尽到赡养母亲的义务，奢侈的生活会引发宗周深深的内疚。

总之，刘宗周的家庭及其个人有太多的不幸，但他并未被这些不幸击垮，这些不幸在一定程度上反而成就了其完善品性与卓绝人格，成就了其作为晚明政坛清流与一代大儒的美名。

第 2 章

读书、交游与讲学

刘宗周在骨子里就是一介书生，从小就酷爱读书、学习，这种爱好一直保持到他绝食殉国的前夕。古言道："物以类聚，人以群分。"他喜欢读书，自然经常与读书人交往。宗周虽然数次在朝廷做官，但却很少与政客、权贵交往，有时甚至故意躲避着这些政客、权贵。而当他被朝廷革职为民或主动辞官回乡之后，就与友人一起在家乡讲学、论道。读书、交游、讲学，这就是宗周生活的常态。

一、天生即是一书生

刘宗周七岁时开始读村塾，习童蒙业；八岁跟随季叔秦屏公读《论语》；九岁就学于外族章姓舅辈开设的私塾；十岁转入外祖父章颖执掌的塾馆读书。小宗周无论在哪里读书都非常刻苦、用功，关于此点，《年谱》有如下记载："先生率教，目不转睛，日无旷课。""饭毕即就学舍，往来肃躬而行，不他顾，不疾趋。""诸生皆乘机逸去，先生独留，坐读自若。"

大意是说，小宗周读塾馆期间，从不旷课，上课很专注，经常是吃过饭之后马上去教室读书，表情严肃，像个小大人似的。其他小孩子趁老师不在教室的时候，可能会偷偷溜出去疯玩一把，唯独小宗周在教室里正襟危坐，安心读书。这些孩子们的嬉戏打闹竟然没有影响到小宗周，恰如他成年之后到朝廷做官，身边的官员贪污、纳贿成风对他也没有丝毫影响一样。宗周的气质在他少时即已形成，这固然与他作为遗腹子的经历有关，同时似乎也让人感觉到他天生就是这么一个严于律己、恪守规则、不苟言笑之人。

万历十七年（1589），刘宗周十二岁的时候，他的二舅章为汉到寿昌（今浙江建德）做官。为汉希望父亲南洲公同去此地，以便于赡养。南洲公对小宗周一向十分疼爱，他舍不得丢下这个外孙不管。母亲也担心，万一宗周离开外公，他的学业还能否继续下去？她们家实在太穷，无法供养宗周上学。南洲公向儿子说明了这个情况，希望小宗周一同前往寿昌，儿子欣然同意。于是，南洲公、小宗周和一位随从就出发了。他们本欲由水路乘船去，但随从不小心丢了盘缠，他们一行人不得不在酷暑天徒步行走，一天之内走了约九十里路。小宗周尽管不怕苦、不怕累，但毕竟还是一个半大的孩子，身体上有些吃不消，便一到寿昌就病了，一只脚不能伸直，昼夜疼痛，这种状况持续了五个多月。南洲公没有办法，只好在当年十一月带着小宗周返回绍兴养伤。

次年春，南洲公在小宗周病情有所好转时，再次偕小宗周至寿昌。可是刘宗周又患上眼疾，较长时间都未能痊愈。宗周小小年纪，却接二连三地遭受病痛的折磨。不过，幸运的是，其外公是一位慈祥、善良的老人，他尽己所能地呵护着小宗周，呵护着这个由孤儿寡母组成的脆弱家庭，而且将自己一生所学毫无保留地传授给小宗周。在这次养病期间，南洲公就给小宗周讲解了《周易》。刘宗周后来考中举人、考中进士以及成为一代大儒，与其外祖父的悉心教导是分不开的。

万历二十一年，章为汉升任河南永宁知县。南洲公这次没有跟随儿子前往，主要是因为永宁距离他的绍兴老家实在太远了。他带着宗周离开寿昌，返回家乡。回到绍兴之后，刘宗周先后拜鲁念彬、章又玄为师。鲁念彬与南洲公的教学风格有所不同，南洲公注重引导宗周读前人范文，受这些范文影响，宗周行文"有绳矩而少变化"，即中规中矩，却缺少变化。鲁念彬初读宗周习作，感到"文如老生"，似乎不是出自年轻人之手，过于老到，这既是优点，也是缺点。鲁师于是向宗周"进之以机法"，使其明白作文既要讲究章法，又要做到跌宕起伏。他除了讲授儒家经书之外，也带领宗周读了部分史书及先秦诸子书，由此宗周在作文及学业方面大有长进，思路也得到较大的拓展。但是，刘宗周的同一篇习作却很难让外祖父和鲁师同时满意，如果文章写得较为灵活，外祖父南洲公读后则大怒；如果文章写得较为刻板，又会遭到鲁师的批评。宗周感到左右为难，不得已，他只好把同一论题写成两种不同的风格，然后"以正者呈公，奇者呈师"。刘宗周后来又问学于章礼（稷峰）、章斗山等人。他年轻时的读书活动虽然主要围绕科举考试而展开，带有一定的功利色彩，但通过精研儒家经典以及浏览史学、诸子、文学等各类书籍，也为其日后思想学说体系的创立打下了坚实的基础。

刘宗周于万历二十四年结婚后，主要精力仍放在读书上，白天受业于师，晚上则熬夜苦读。婚后第二年春，他由会稽县弟子生员递补为绍兴府生员。自此以后，他读书愈加刻苦，常常读到子夜时分始休息，夫人章氏则在一旁刺绣，陪伴夫君读书，陈永革先生将此戏称为贫寒士子版的"红袖添香夜读书"。但宗周一点都浪漫不起来，他的生活充满着苦涩、酸楚。他在绍兴府学校读书期间，由于家里太贫穷，无法给学师送上一点见面礼，受到学师的刁难。学师隔三岔五地给宗周布置一些题目，让其自乡下赶往学校应试，路上辛劳不说，有时连饭都没的吃，甚至饿上一整天。学校的守门者见宗周十分可怜，不时送给他一些食物充饥。刘宗周没有打退堂鼓，也没有流露出半点不满情绪，一直保持勤奋、上进的状态，后来终于感动了学师，学师不再以课试刁难。

苍天不负有心人，就在进入绍兴府学校的当年（1597），刘宗周就赴杭州参加了乡试，并顺利中举，名列第四十二名。其十多年的寒窗苦读，终于有所回报。教谕官徐仕登阅览了宗周的答卷之后，大为赞赏，当即就在卷首写下如下文字："读其文，如鹤唳九霄，回绝尘表，知他日非徒以名位显也。"

徐仕登对刘宗周的评价是非常高的。宗周后来果然取得了不凡的学术成就，堪称一代大儒，也应验了这位善于识人的教谕官的预言。宗周虽然与其他士人一样参加科举考试，但他并非只是为了获得功名，他同时还有远大的志向、独到的思想见解和较强的担当精神。在揭榜之前，外祖父南洲公对宗周也很看好，他询问了宗周的答卷情况之后，觉得中举的把握很大，当时即说："甥必举矣。"南洲公本来要随二儿子到广西北流定居（二儿子又调任该县知县），但看到外孙这么有出息，立刻打消了去广西的念头，他坚持留在家乡，以便激励外孙参加会试，冲击进士。宗周中举之后，亲属之中最高兴的莫过于祖父兼峰公了，他"喜至不能步，口张而笑不止，剧病为之霍然而愈"，这是一种发自内心的喜悦，甚至对其多年未能治好的疾病都有奇迹般的疗效作用：他的病竟然好了。兼峰公一生经历了太多的苦难，一次又一次的打击使他在精神上已处于半麻木的状态，他压根儿就没有想到自己的孙子能够中举，更不会想到数年之后还能考中进士。宗周的母亲内心也许很高兴，但从来不表现在脸上，她反而因为宗周晚上给母亲请安时未换上举子服而将其狠狠地批评了一番，她教子甚严，有时甚至到了苛刻的程度。刘母作为一位单亲母亲，内心承受着巨大的压力和伤痛，她把全部希望乃至于活下去的勇气都寄托在宗周身上，所以在教育宗周的问题上，她不敢有一丝一毫的马虎。

万历二十六年，刘宗周到北京参加由礼部主持的会试，但未能如愿。回家后，他的眼病复发，备受病痛折磨，但学业未尝一日中断。万历二十八年十一月，宗周又北上，准备先入国子监学习，然后再参加第二年的会试。按照明朝的规定，即使是乡试合格者，也要进入国子监学习，才有资格被朝廷谒选授官。因此，宗周当时的想法是：赴京做监生，一方面可以参加来年的会试，若能考中进士当然是件好事；另一方面如果会试时再次失利，则可退而求其次。宗周是举人，且有在国子监学习的经历，因而能够获得一官半职，换得一些禄米，以便缓解日趋艰难的家庭生计。他这时已是二十多岁的小伙子了，应该承担起养家糊口的重任了。从宗周的一生来看，他主要是一个道德理想主义者，以直道事君，若不得行其志，则会辞官（或被罢官）回乡，但有时在巨大的生活压力面前，他不能不作一些现实的考量。

刘宗周这次去京城之前，其母亲"容色日悴"，身体状况越来越糟糕。宗周十分担忧，甚至想到放弃科考，专门侍奉母亲，刘母哪里肯依？宗周只得"隐忍挥泪而别"，令其万万没有想到的是，这次告别竟然成为母子之间的永诀。刘母于次年（1601）二月二十八日病逝。宗周当时正在京城紧张备考，尚不知母亲去世的噩耗。宗周三月参加了会试及殿试，张榜之日时他仍独自一人在房中安静读书，同窗好友来告知他考中进士的喜讯，他才放下书册，去张榜之处看个究竟，殿试果然名列三甲五名（会试名列第一百二十九名），赐"同进士出身"。这一年，刘宗周年仅二十四岁。他希望马上把这个好消息告诉他的母亲、外祖父、祖父以及众多的长辈、亲人，这个"进士"名号来之不易啊！它不仅是宗周勤学、苦读的结果，而且也凝聚了刘氏、章氏这两个多灾多难家庭几代人的期待与心血。可是，上天似乎有意在捉弄人，张榜的第二天，正处于喜悦情绪之中的刘宗周却接到了姗姗来迟的讣告：母亲大人病故了。

　　刘宗周知道丧母的噩耗之后，当即放声痛哭，儿至气绝。哭过之后，宗周决定立即动身回家，瞻仰母亲遗容。《年谱》说，宗周"见星而止，见星而行"，内心的极度悲痛以及路途上的颠沛流离，使他一向多病的身体显得愈加羸弱。但家实在是太远了，宗周四月才赶到家中。刘母早已入殓，宗周悔恨万分，他想撬开棺材，再见母亲最后一面，但被祖父、外祖父等长辈极力劝阻，宗周无奈，倒地恸哭。稍后，宗周按照古代丧礼的规定，亲自搭建了一个草庐，草庐四周涂垩（è，即"白土"），没有窗户，只在南面墙上留有一个小孔，室内设施相当简陋。宗周入住其中，穿衰麻（丧服），饮稀粥，为亡母守丧三年。为去世的父母守丧三年虽然是中国古代通行的做法，但大多数人未见得会认真执行。刘宗周却严格遵循古代礼制，不打丝毫折扣。他常常跪哭于草庐之中,以至于"哀毁骨立"。同籍学者陶望龄前来凭吊,见宗周如此情形,万分感慨,他说:"教衰礼坏久矣,吾未见善丧若刘君者也。"宗周哀悼亡母,绝不是为了沽名钓誉,而是出于真感情。二十多年来,宗周和母亲相依为命,母亲为了将这个在出生之前就已失去父亲的儿子培养成才,可谓忍辱负重、殚精竭虑,五十一岁时即已耗尽了所有的生命能量,离开人世。宗周每感念于此,便觉得肝肠寸断。他为母亲守丧应当是肇始于情、恪守于礼。同时,宗周还撰写了《哀陈母节恳恩照例以伸子情以励世风揭》,恳请朝廷表彰母亲的节操,以告慰母亲的在天之灵。

刘宗周获得举子、进士等功名之后,其读书生活并未因此而中断,相反,他读书愈加用功、勤奋,并且淡化了先前读书的功利色彩,将读书活动与身心修养、思想创发有机结合起来。在为母丁忧期间,刘宗周重点研读了三礼之书,同时涉猎了其他儒家经典。丁忧结束后,他赴京城做官,政事之余,他仍热衷于读书。一般官员在朝堂内外可能大多忙于结交上级或同僚,以便为日后晋升创造有利的人脉关系。刘宗周恰恰相反,他有意与朝廷中的实权派人物保持一定的距离,有时连同僚的应酬邀请也一并谢绝。他一有空闲,即潜心读书。比如,他在担任行人司行人期间就是如此。行人司收藏有大量的图书资料,嗜书如命的刘宗周在工作之余常常整天就泡在书房里,他阅读的范围不仅有儒家典籍、佛道及诸子百家,也包括明朝典故、名臣言行等有关历史及时政方面的书。宗周给世人的印象主要是冷峻、刚直,但他偶尔也会展现出生命中闲情逸致的一面。他有时会到明代培养宫廷乐师的道教宫观——灵济宫小住,目的是向灵济宫乐师学琴。《年谱》谓其"弹琴歌咏,声出金石，不复知身在长安也"。

刘宗周尽管遭遇诸多家庭的不幸，在官场上也颇为不顺，但他在学术方面却日益精进，这既得益于他的勤学苦读以及敏锐的思考力，也与他注重向前辈请教、乐于与同道切磋的做法分不开。他在考中进士之后曾拜许孚远为师。万历三十一年（1603）三月，宗周经人介绍，纳贽前往德清谒见许师，一则请许师为其母撰写一篇墓表，二则可当面向许师请教。

许孚远（1535~1604），字孟仲（亦称孟中），号敬庵，浙江德清人，嘉靖四十一年（1562）进士，历任南京工部主事、广东佥事、建昌知府、右佥都御史、福建巡抚、南京兵部右侍郎等职。他曾师事唐枢，唐枢是湛若水的入室弟子，因此，我们可将许孚远视为湛若水的二传弟子。许孚远著有《论语述》《敬和堂集》《大学述》《中庸述》等，黄宗羲的《明儒学案》也收录了他的部分论著和论学书信。

许孚远为人庄敬敦笃，整齐严肃，自律甚严；其学说不尚玄谈，笃实缜密。他尤其倡导"克己"说，突出修养工夫的重要性。"克己"来自孔子的"克己复礼"一语，此语在后来的儒家著作中经常出现，许孚远对其特别重视，并加以阐发。他认为，"克己"是存养与省察的统一。存养与省察是理学家基本的修养方法。蒙培元先生在《理学范畴系统》一书中指出，存养有时被称为涵养，即直接培养心性本原；省察则指随时随事察识心中之理。许孚远主张兼顾存养与省察，认为两者都不可缺少。依其之见，存养的关键在于"收敛精神"。也就是说，如果终日谈玄说微、浮动走作、纷纷扰扰，就不利于做变化气质的工夫，不利于从心性之根本处培养善端，所以应该收敛精神。不过，收敛精神并不意味着要人一味静坐，更不是像道教、佛教那样要人走向虚无、空寂。再就省察而言，许孚远认为，省察的对象主要是人伦之失，而人伦之失突出表现在"乱""灭""私""悖""支""罔"等方面，比如，"乱"是由于当时学者不修身、不"克己"而造成的，"支"是由于向外追逐、不知返归内心而造成的，等等。当然，这些弊病不是人的本性使然，人们只要加以省察、克治，就可以消除，"乱而治之，灭而修之，私而扩之，悖而反之，支而约之，罔而诚之，则性顺而心安"，对每一种弊病都进行矫治，就可以使"性顺而心安"。许孚远又将"克己"说贯穿到其格物论之中。在他看来，格物就是反省自己有无声色之欲、利害得失之心以及其他各种病根，如果有，就加以克治，直至"方寸地洒洒不挂一尘""胸中一毫渣滓无存"。这种格物论既不同于朱熹的"即物而穷其理"，也不完全同于王阳明的"正其不正以归于正"，其特色在于将格物与"克己"的修养方法紧密结合起来。

刘宗周拜谒许孚远之后，许对他说，存天理、遏人欲是为学的根本，做不到这一点，一切学问都只能流于空谈。他在给刘母所作的墓表中，又勉励宗周要"谨身节欲，一切世味不入于心"。这些观点对宗周影响很大，宗周一生克己做人，平淡清苦，尽忠尽孝，"终其身守师说不变"，他日后创立的"慎独"学说也吸收了许师的见解。拜许孚远为师的这一年，刘宗周二十六岁，而许孚远则已近七十岁。陈永革先生在《儒学名臣——刘宗周传》中指出，宗周师事许孚远，不仅对宗周儒学思考的学脉师承至关重要，而且还有着开创浙西之学与浙东之学相交游的学术史意义。宗周所禀赋的刚烈质直之性情，虽然有时不免固执，但通过师事许孚远，宗周极大地开启了学术的视域，把视野投放到了整个时代思潮的宏阔视域之中。宗周的学术思想正是沿着这种视域不断拓展，不断进取，最终成为一代大家。在此意义上说，宗周真正的学术生涯，自师事许孚远开始。此论甚是。

万历三十二年三月，宗周去京城任职，在去京城的路途中，他还特意绕道德清，拜别许师。可惜就在当年七月，许孚远不幸在家中去世。第二年五月，宗周辞官回乡途中才得知许师去世的消息，于是急速赶往许师家中哭奠尽哀。他与许孚远见面不过两次，如果按照现代社会的标准，两人几乎称不上是师生关系，至多是前辈学者对年轻学人略作点拨而已。但就是因为这两次点拨，却开启了宗周以后学术发展的方向。他一生都念念不忘恩师的教诲，"平生服膺许师"，认为许师"端凝敦大，言动兢兢，俨然儒矩"。两人事实上是非常相似的，这几句话同样可以用来描述刘宗周的"气象"。

师傅引进门，修行在个人。在许孚远的引导下，刘宗周逐渐走上了学术的道路。古人做学问，大多出于个人兴趣或安身立命的需要。他们可以混迹于官场，可以从事农、工、商等业，可以在穷乡僻壤教私塾，但这不妨碍他们有学问、有思想。刘宗周也不是书斋哲学家，他到朝廷做过官，但其一生大部分时间都居住于家乡，干过农活，教过私塾，主持过书院。他无论在哪里，也不管做什么，都不忘读书、思考，有所得则记下来。显然，刘宗周的学问不是刻意雕琢出来的，也不是把学问作为谋利的工具，更不是为了沽名钓誉。从小的方面来说，其著书立说乃是自我性情的流露；从大的方面来说，较强的使命感和责任感促使他皓首穷经，苦探力索，以便阐明圣贤之理，并以圣贤之理来滋养个人的精神、心灵，同时用以教化世人。

刘宗周在读书、做学问方面与王阳明有所不同。王阳明虽未尽废读书，但他更为看重个体的体证，而且，他所谓的"读书"乃是"六经注我"式的读书。阳明说："知识之多，适以行其恶也。"他认为，良知能不能呈现出来，不在于有多少知识，甚至不在于读了多少儒家的经典。相反，一味追求外在知识对于人们成就圣贤人格反倒是有害的，它有时会妨碍人的德性的培养，为人的行恶提供了便利。因此，阳明特别突出了本心、良知的开显，而不是读书。宗周的学说也有心学倾向，他当然认可阳明有关挺立本心、良知之类的讲法，可是他不能同意阳明以上的"读书"观。宗周写过两篇《读书说》，他明确指出："读书，儒者之业也。"读书是一个儒者的本分，或者再扩大一点，所有知识分子都要读书，不读书怎么可以称为知识分子呢？宗周有时也为阳明辩护，认为阳明不是要人废弃读书，而仅仅是为"不善读书"者提一个醒而已，即读书之后要能够"直证本心"，自我反思，不可迷信书。

刘宗周十分重视研习儒家的经典书籍。他说："学者欲窥圣贤之心，遵吾道之正，舍四书、六籍无由。""生于孔、孟、程、朱之后者，舍孔、孟、程、朱之书不读，又何以自达于道哉？""六籍"也即"六经"。"六经"中的《乐》经早已佚失，能够流传下来的是"五经"，即《易》《诗》《书》《礼》《春秋》。刘宗周认为，"四书""六经"以及程、朱等后世大儒之书宣扬的是人伦之"常道"，是人们立身处世的依凭，因此，要成为一个明善恶、知礼仪的人，就应认真研读、用心体会圣贤经书。经典之所以成为经典，是因为经过了历史的锤炼和文化的积淀才得以形成，具有很高的道德、文化价值。刘宗周试图通过倡导研读儒家经书，改善明末学界尤其是一些王学末流

"束书不观"的不良习风。其推崇读书的主张在一定程度上恢复了程朱理学读书穷理的精神。

刘宗周一生读了大量的书，有的书读得很仔细，读了之后能够提出自己独到的见解。他对古文《周易》《大学》《中庸》《论语》《孟子》以及《礼记》中有关曾子的文献用力最勤，研究尤其深入。比如，刘宗周利用乡居讲学的数年时间，精读了《论语》，一边读，一边记其大旨，日久则汇编成册，万历四十五年（1617）撰成《论语学案》，后来陆续有所增删，分别有四卷本和十卷本流传于世，其体例类似于宋儒的经注。除此之外，刘宗周还陆续撰写或辑录了《周易古文钞》《孔孟合璧》《大学古文参疑》《大学古记约义》《中庸首章大义》《曾子章句》等论著。

刘宗周对宋明诸儒的书也相当留意。他曾编纂《五子连珠》一书。书名中的"五子"是指宋代的周敦颐、程颢、程颐、张载、朱熹五位大儒。宗周对"五子"非常赞赏，认为他们"或悟或修，各要其质；或顿或渐，成功则一"。宗周又编撰有《皇明道统录》，这部书梳理了明代儒学发展的历程，对于明代重要的儒家，它"首记平生行履，次抄语录，末附断论"。可惜，这部书不幸遗失。近人姚名达先生认为，黄宗羲编《明儒学案》，就受到其师《皇明道统录》的启发。黄宗羲还把此书"断论"部分汇辑为《师说》，置于《明儒学案》卷首。

另外，刘宗周所辑录的《圣学宗要》也是关于"五子"的一本书。不过，这里所谓的"五子"与《五子连珠》中的"五子"略有不同。《圣学宗要》中的"五子"是指周敦颐、程颢、张载、朱熹、王阳明，《五子连珠》中的程颐在这篇文献中被换成了王阳明。在《圣学宗要》的"引论"中，宗周提出了"前有五子，后有五子"的说法，他将宋明时期的周敦颐、程颢、张载、朱熹、王阳明分别与先秦时期的孔子、颜回、曾子、子思和孟子相互对应。东方朔先生在《刘宗周对宋明儒之判读》一文中指出，假如将程颢与颜回、阳明与孟子相对应尚可理解的话，那么，将周敦颐与孔子、张载与曾子、朱熹与子思相对应，则可能会引起诸多争议。此论甚是。宗周还在此书中提出了一个与其他学者迥然不同的观点。他认为，周敦颐、程颢、张载、朱熹、王阳明诸大儒学说的精髓就是"慎独"，"五子"之学尽在"慎独"。这种说法同样备受争议。《圣学宗要》完成于崇祯七年（1634），这个时期的刘宗周已建构了自己独到的思想体系，因此，他对宋明诸儒思想的诠释，明显地带有自己的"前见"（甚或说是"成见"）。

二、道义之交

刘宗周固然乐于与同道切磋学问，但能够被他视为"同道"的人非常少。如果感觉不是很投缘，他一般会采取疏远的态度，《年谱》谓其"誓不为妄交，与非同志士，虽邂逅遇之，必趋而避"。人与人之间不可能没有交往，但宗周却不赞成"广结善缘"式的交往，他在选择交往对象的时候是非常审慎的，对于非志同道合者，他往往会拒人于千里之外。一般的人情往来、宴饮聚会，宗周是不会参与其中的。他拒绝别人的吃喝邀请，也从不邀请别人吃喝。宗周家乡的一些官宦、乡绅组织了所谓的"蓬莱会"，实际上就是当地的"上层人物"定期在一起聚会的一个组织。宗周登第后，当然也成为一个"有头有脸"的人了，于是，"蓬莱会"的主事者便诚心诚意地邀请他参加，但被宗周断然拒绝。他对登门邀请的人说，你们这个组织"不谈道，不谈艺"，何必还要浪费钱财大张旗鼓地去搞？他的言外之意是"蓬莱会"没有存在的必要。主事者碰了一鼻子灰，灰溜溜地走了。的确，"蓬莱会"不是学术研究或讲学的组织，而是相互之间搞人脉关系、各人都怀一己之私的一个利益团体，刘宗周绝不加盟这样的组织。如果是讲学论道的团体，即使没有好处，甚至倒贴钱财，他也会参加的。当然，学术团体若退化成为争名夺利的组织，宗周会毫不迟疑地退出。他自始至终就是这么一个立场。

他的《全集》中还记载了刘宗周拒见来访者的例子。一位名叫韩浚的官员欲结交刘宗周，某天他亲自登门拜访，刘宗周恰好在家养病，加之他本身不愿和官场之人交往，就委婉谢绝。吃了一次闭门羹之后，韩浚仍不甘心，过了一段时间，韩浚轻车简从，直奔刘府，一到刘府，就径直闯入宗周卧室，在这种情形下，宗周还是不愿见他，慌忙躲到帷帐之后，韩浚恼羞成怒，摔门而出。刘宗周此举确实有点过分，这为其日后遭韩浚疯狂报复埋下了伏笔。

刘宗周甚至拒绝见黄道周。黄道周是何许人也？他是明末大儒、抗清英雄，也是一位著名的书画家，福建漳浦（今东山县）人，天启二年（1622）进士，历官翰林院编修、詹事府少詹事、翰林侍读学士等。南明隆武时期，黄道周任吏部兼兵部尚书、武英殿大学士。他坚决主张抗清，多次组织义兵与清军血战，但终因寡不敌众，兵败被俘。清廷派已降清的洪承畴前去劝降，结果不但未能达到目的，洪承畴反而遭到黄道周的一顿唾骂。黄道周还写了一副对联讽刺挖苦洪承畴：史笔流芳，虽未成功终可法；洪恩浩荡，不能报国反成仇。

　　此副对联有意将侠肝义胆、不屈而死的史可法与无耻变节、卖国求荣的洪承畴（对联中的"成仇"乃谐音）放在一起，形成鲜明的对比，令洪承畴羞愧难当。道周之妻蔡氏也是一位有气节、明大义的女中豪杰，她在寄给黄道周的信中说："忠臣有国无家，勿内顾。"黄道周临刑前大呼："天下岂有畏死黄道周哉？"然后慷慨赴死。他去世后，人们从他的衣服里发现一个写有"大明孤臣黄道周"的布条。有人说，黄道周的忠贞为国、直言敢谏可比北宋末、南宋初的抗金名臣李纲，而其慷慨赴难、从容就义可比南宋末年的抗元英雄文天祥。可见，黄道周和刘宗周属于同一种类型的人，都是博学鸿儒，也都是忠臣、谏臣和侠义之士。黄道周和刘宗周之间也有书信往来，各自对对方均有勉励之语。可是有一段时间，宗周仅仅因为不满于道周的一些做法，就拒绝与其相见。当他听说道周将要到绍兴一带，为了躲避道周，他竟然特地到自己的女婿家住了一个月。我们不能不指出，宗周性格中有褊狭的一面，有时也会意气用事。这种处世方式让我们联想到小孩子之间闹别扭时某一孩子负气出走的情景，所以，宗周在严谨、严肃的背后，也表现出可爱之处。何俊、尹晓宁先生认为，"拒绝太深"是刘宗周的一个特点，这源自他严格的君子小人之辨。刘汋在这一点上也深受其父的影响。宗周殉国之后，刘汋本来可以荫官于南明王朝（凭借父亲的地位、名望获得一官半职），但他坚决推辞了。刘汋平日一向深居简出，很少与人来往。当有人慕名来访时，他"辄以病辞，或逾垣而走，或泛舟远避"。可见，刘汋完全因袭了乃父的一些做派。

　　《年谱》说，刘宗周一生密切交往者，无非是刘永澄、高攀龙、丁元荐、魏大中、周应中等寥寥数人而已。这五人都是刘宗周以道义交往、肝胆相照的朋友。他们和宗周一样，都是顶天立地的大人、君子，人格豪迈，气节凛然，学问精粹。高攀龙、刘永澄与刘宗周脾性尤为相投，每次见面相谈甚欢，两人称得上是宗周最亲密的道友。

刘宗周在初次任职于行人司期间就结识了刘永澄。刘永澄，字静之，宝应（今江苏宝应县）人，与宗周同一年考中进士，又同朝为官。刘永澄是"东林党"的重要成员之一，曾任顺天府儒学教授、国子监学正等职，后被擢升为兵部职方司主事，尚未赴任，却不幸患病去世，年仅三十七岁。刘永澄若非英年早逝，无疑会成为与刘宗周、顾宪成、高攀龙等齐名的一代大儒。永澄少时就有大志，八岁时读到文天祥的《正气歌》，深受感动，立志要做文天祥那样的人。他读书也异常刻苦，年轻时曾在自家房屋旁边筑了一个土室，读书于其中，对儒家经典、八股之文、历代人物和典章制度以及兵马、钱谷等有关经世之学，无不精研深究，有"淮南才子"之誉。刘金城先生在《宝应学术十杰——刘永澄》一文中说，刘永澄学问与人品均较佳，其人品尤为人称道。明清儒者对他多有赞誉之词：高攀龙称他为"国家柱石，人伦冠冕"；刘宗周称他为"东林最贤"；段玉裁称他为"以清节冠东林"；等等。近现代学者对永澄的品德与才学也大加褒奖，比如，国学大师刘师培先生撰有《刘永澄传》《刘练江先生学说》等论著，认为永澄"其志哀，其言切，志洁行芳，同夫屈子"，即将永澄比作屈原，对其极尽尊崇之意。史学家钱穆先生特地以永澄为个案之一，论述了"东林风节"的问题。在钱先生看来，所谓"东林风节"，主要表现为：分黑白，明是非，肯做忤时抗俗之事；不畏祸，不怕损名，不肯混同一色，不愿为乡愿。"东林风节"在永澄身上得到了很好的体现。而且难能可贵的是，刘永澄作为东林健将之一，在东林发展态势较好的时候，却又不无忧虑地提醒同党人士：万万不可搞"门户之争"，时时刻刻应以朝廷和百姓的利益为重，否则将会自食恶果。没想到，刘永澄的话竟然一语成谶，东林党及其不少成员后来因过于意气用事而遭受重创。

刘宗周初识刘永澄，即感到莫逆于心，于是两人一见定交。万历三十九年（1611），两人再度相会于杭州。当时，刘永澄游学于杭州，赋闲在家的刘宗周获悉后非常高兴，马上赶赴杭州与永澄见面，两人畅谈三日，才依依不舍地告别。他们所谈内容非常广泛，既探讨了为学工夫，又议论了朝政。当然，刘宗周那时较为强调主静的心性修养工夫，对朝廷中的是是非非不甚感兴趣，所以他们的话题主要集中在"修、悟之异同"等有关个人身心修养的问题上。次年正月，刘宗周欲赴京任职，所乘之船经过宝应，于是上岸拜访永澄，永澄当时已卧病在床。五月左右，宗周因办理公差又一次经过宝应，方知永澄已经溘然长逝了。他立即登堂入室，手抚棺木恸哭不已。永澄是宗周非常谈得来的至交好友，正值盛年，却撒手人寰，这对于其家人以及宗周来说都是一个巨大的打击。宗周尽管有公事在身，但仍在永澄家中住了三宿，帮助家属料理完永澄后事方才离开。次年，宗周再次去宝应凭吊亡友，并撰写了《祭年兄刘静之文》。这篇祭文情真意切，悲痛、惋惜之情充溢于文字之间。同时，他对永澄之学也给予了高度评价，认为其学说"由践履而证操存，其要归于持敬。识定力沉，真性昭著，一洗异端乡愿之习"。刘宗周不轻易交友，可是，他一旦认定某人值得深交，便会无比真诚，而且往往成为"道义之交""性命之交"。

　　刘宗周与高攀龙之间的交往也是如此。高攀龙（1562～1626），初字云从，后改字为存之，别号景逸，无锡（今江苏无锡市）人，万历十七年进士。万历二十年，高攀龙被任命为行人司行人。次年，高攀龙上疏弹劾首辅王锡爵排斥异己，并批评万历皇帝无故罢免朝廷官员，这样一来，他就把皇帝及首辅大臣同时得罪了，其结局可想而知：京城自然是没法待了，不被革职为民便已属万幸。还好，朝廷没有把他彻底逐出官场，但处罚是免不掉的。他被贬谪到广东揭阳任添注典史，这是一个不入品位的小官。高攀龙在这个位置上干了一段时间，但当年即卸职归家，与顾宪成等人一道讲学于东林书院。他不是嫌这个官小，而是愈来愈厌倦官场。他主动离开官场，而且近三十年都没有再复出。直到天启元年（1621），高攀龙在东林人士的举荐之下，才重新赴京城做官，数年间先后担任了光禄寺丞、大理寺右少卿、太仆卿、刑部右侍郎、都察院左都御史等职。原因在于，高攀龙此前长期谪居民间，但影响很大，是享誉江南乃至整个中国的一位名士。同时，东林党势力在天启初年如日中天，这也有利于高攀龙的升迁。只是好景不长，当时以宦官魏忠贤为首的阉党也在迅速壮大，并日益膨胀起来。东林党与阉党向来就是水火不相容的死对头：东林党成员一见到阉党人物就心生厌恶之情，觉得他们是一群龌龊不堪的小人；而阉党人物一个个也不是吃素的，他们干不了好事，但干起坏事来则无人可比，他们的矛头恰恰主要对准了东林党人。高攀龙作为东林党的领袖人物之一，自然成为阉党迫害的重点对象。他先是被罢黜回乡，回乡之后又遭受了一系列的迫害。天启五年八月，魏忠贤下矫旨，拆毁全国的书院，东林书院则首当其冲。东林书院之被毁，令高攀龙等东林志士万分悲愤。东林书院毕竟是他们毕生精神寄托之所在，他们曾经在这里探讨学术、品评时政。天启六年二月，以魏忠贤为首的阉党人物又制造了针对东林党人的大冤狱。他们大肆诬告高攀龙、周宗建、黄尊素、李应升、周起元、周顺昌、缪昌期七人，企图将东林党人一网打尽。高攀龙获悉这个消息后，尽管自知难逃阉党魔爪，但他仍表现得十分镇静。三月十六日，他整理衣冠，拜谒了先贤杨龟山祠。当天晚上，高攀龙提笔向天启皇帝写了最后一道奏疏。写毕，他换上朝服，自沉于池中，时年六十五岁。他不愿受辱于阉党，所以选择了这种方式结束了自己的生命。崇祯二年（1629），高攀龙得到平反昭雪，赠太子太保、兵部尚书，谥忠宪。在学术上，高攀龙崇奉程朱理学而贬抑陆王心学，这种思想倾向在其所撰写的《崇正学辟异说疏》中表露无遗。当时四川佥事张世则上疏对朱熹学说大加斥责。高攀龙得知此事后，立即上疏加以弹正。他说："夫孔子之道，至程朱而阐明殆尽，学孔子必由程朱，正如入室而必由户。"他把程朱理学看成是学问的正宗，也是学习、领会孔门圣学的必由之阶。不过，高攀龙并未将程朱与陆王完全对立起来。在明末，将程朱、陆王学说融为一体已成为一种趋势，高攀龙也是如此。比如，他认为，事物之理需要为人心所把握，存在于人心之外的自在之理对于人而言是没有什么价值的。可见，高攀龙对程朱、陆王两派学说作了一定程度的折中与调和。

万历四十年，刘宗周北上赴京途中，特地经过无锡，拜谒高攀龙。此前，刘、高已互通书信讨论学问，"一论居方寸，二论穷理，三论儒释异同与主敬之功"，可惜书信未能保存下来。刘宗周通过高攀龙，又结识了其他数位东林学人。他本来还要谒见东林学派的另外一位创始人顾宪成，但因宪成当时已患重病，不便打扰。宪成于当年五月病逝。未能当面向宪成请益，这是宗周的终生遗憾之一。刘宗周不算是东林党的正式成员，但他最乐于与东林学人交往，与东林学人的感情甚笃，刘宗周与高攀龙之间的交往尤为密切。天启二年，两人均在京城做官，交往起来愈加便利，宗周若有闲暇之时，则会邀约攀龙在一起讲学论道，相处甚为融洽。

刘宗周与高攀龙之间有较多的相似之处，这是他们成为知交、挚友的重要原因之一。比如，他们都是晚明大儒，学问精深、广博，见解独到，影响较大；他们都是直言敢谏的忠臣，棱角鲜明，个性突出，虽然做官，但绝非寻常意义上的官员，正因为两人敢于在朝堂之上直抒己见，所以也很容易激怒皇帝和权臣，以至于每次任职时间都非常短暂，两人一生的绝大部分时间都是在家乡读书、讲学；两人在仕宦经历方面甚至都是惊人地相似，他们均担任过行人司行人、光禄寺丞、太仆卿、都察院左都御史之类的官职；等等。如果说两人有什么不同，则主要表现为学术思想上的差异。首先，尽管两人对程朱理学、陆王心学均有吸纳，但刘宗周更倾向于心学一派，而高攀龙的学术根底是程朱理学。其次，在儒、佛关系上，两人的看法也略有不同。刘宗周严格区分儒、佛之异，认为儒学着重宣扬了"修、齐、治、平"；而佛学以"虚空""寂灭"为宗旨，弃绝人伦，忍情割爱，最终给社会的人伦纲常以及国家的治理带来了危害，因此，刘宗周写了不少文章，批判佛教以及当时学界以佛掺儒的倾向。不过，需要指出的是，宋明理学家大都自觉或不自觉地吸收了佛、道的思想资源，刘宗周也不例外。高攀龙虽然也维护儒家所谓"正统"的地位，反对晚明时期颇为盛行的将儒、佛、道三教一体拉平的三教合一论。但高攀龙内心又具有较强的神秘主义倾向，他时时为佛、道的情趣所吸引，无论是其学说还是日常践履都打上了佛、道的烙印，故被刘宗周指责为"半杂禅门"。高攀龙在自杀之前的感叹道："心如太虚，本无生死。"这完全是禅家参悟的话头或道士长时间修炼之后的"见道"之语。刘宗周绝食期间，弟子张应鳌有一天在旁侍候，他随口问老师，先生是否也有与高先生一样的心境？宗周答道："微不同！非本无生死，君亲之念重耳。"可见，他临死之前还是以君、亲为重。

丁元荐、魏大中、周应中等也都是刘宗周的"道义之交"或"性命之交"。这里所谓的"性命"不是通常意义上的自然生命，而是指德性生命，它凸显的是人的精神、人格。丁元荐，字长孺，别号慎所，湖州长兴（今浙江长兴）人，万历十四年进士，官至尚宝司少卿。初涉官场仅数月，他就呈上了一份约有万言的奏疏，痛陈时弊，矛头指向首辅王锡爵等权臣，可见丁元荐也是一位刚烈、勇猛之人，刘宗周所欣赏的恰恰是这类"舍得一身剐，敢把皇帝拉下马"的硬汉、勇士。刘宗周与丁元荐同问学于许孚远，两人初次见面即是在许师的家中（丁元荐后来又师从顾宪成），元荐长宗周十五岁，但这并未妨碍他们之间的交往。万历四十五年，宗周游杭州时，与元荐相逢，畅叙旧情，讲学论道，非常尽兴，临别时，宗周还赋诗相赠，即《湖上赠别丁长孺》。诗云：

春潮夜夜泊临安，客思连朝酒禁宽。

宿草空埋金简恨，孤梅犹带玉人看。

相逢萍水占星聚，共历冰霜指岁寒。

南望一峰天目秀，欲将双剑倚巉岏。

诗中表达了两人之间的真挚情谊与共同的理想、抱负。宗周与元荐称得上是亲密无间的忘年交。元荐六秩寿辰时,宗周特撰文为其祝寿。元荐去世后,宗周不仅亲自登门悼念,还为已故好友撰写祭文、墓表。

万历四十五年,刘宗周游杭州时,他的另外一位好友魏大中也来访。魏大中,字孔时,号廓园,嘉善(今浙江嘉善)人,万历四十四年(1616)进士,历任行人司行人以及工、礼、户、吏等科给事中。魏大中师事高攀龙,他不仅继承了老师的学问,也受到老师人格力量的感召。所以,魏大中与其师一样,也是一位狷介刚毅、清廉正直、不畏权贵的血性男儿。当东林斗士杨涟上疏弹劾魏忠贤时,魏大中也上疏痛斥魏氏及其走狗魏广微等人的累累罪行,为杨涟助力。魏忠贤、魏广微等阉党头目对其恨之入骨,于是指使亲信诬陷魏大中受贿,大中被逮入狱。在狱中,大中遭到多次严刑拷打,几天下来,几乎是体无完肤,最后惨死于狱中。与魏大中一同冤死的还有杨涟、左光斗、袁化中、周朝瑞、顾大章,他们被当时的人们尊称为"六君子"(也可称为"东林前六君子",而次年殉难的高攀龙、周宗建、黄尊素、李应升、周起元、周顺昌、缪昌期被称为"东林后七君子")。刘宗周得知包括魏大中在内的"六君子"遇害的噩耗之后悲愤填膺,先后撰写了《祭魏廓园给谏》《吊六君子赋》,对当权者的无道行径进行了控诉,同时安息逝者的灵魂。崇祯二年(1629),刘宗周赴京城任职,当经过杭州的时候,他致书浙江巡抚陆完学,建议在西湖风景区内募建"五君子祠"。刘宗周所谓的"五君子"包括魏大中及其儿子魏学洢、高攀龙、黄尊素、周宗建,他们均为阉党迫害致死,且与浙江有一定关系。魏大中父子、黄尊素是浙江籍人，高攀龙在浙江讲过学，周宗建做过浙江的地方官。

周应中与刘宗周是亦师亦友的关系。周应中，字正甫，别号宁宇，会稽（今浙江绍兴）人，隆庆五年（1571）进士，曾任真定（今河北正定）、崇阳（今湖北崇阳）等地知县，官至光禄寺少卿。他是一个廉洁自持、安贫乐道之人，年轻时曾跟随宗周外祖父南洲公读书，所以宗周与之相识较早。应中比宗周年长三十余岁，宗周常称其为"先生"，对其颇为尊敬。应中去世后，宗周撰写了《光禄寺少卿周宁宇先生行状》，表彰了应中一生的言行事迹。

黄宗羲在《子刘子行状》中将其父黄尊素也视为刘宗周的挚友。尊素与宗周的确算是知交，两人都是眼睛里容不得沙子之人，所以有时会在朝廷内外共同痛贬奸邪、伸张正义，当然也会在一起讲学论道。黄尊素是余姚（今浙江余姚）人，万历四十四年进士，授宁国推官等职，天启二年被擢升为御史。他秉性耿介，为官清廉，关心国家安危，体察百姓疾苦。在任期间，他上疏奏请召还刘宗周、邹元标、冯从吾等正直大臣，同时，也坚决主张清退朝廷中的"不肖者"。黄尊素是较早弹劾魏忠贤及其党羽的官员之一，魏忠贤遂将其视为眼中钉，欲对其施以廷杖之刑，后来经人多方营救才侥幸免遭此酷刑，但仍被夺俸一年。还有一次，魏忠贤指使数百小宦官擅自闯入内阁，扰乱内阁公务，当时其他阁臣因惧怕魏氏淫威，一个个都不敢吱声，唯独黄尊素大吼一声，阻止了这种无理取闹的行为。黄尊素多次冒犯魏忠贤，魏氏怎能放过他？天启五年，他被革职为民，次年又被逮入狱。在逮捕黄尊素之前，缇骑丢失了"驾帖"（逮捕令）不敢前往。黄尊素自知难逃此劫，所以就穿上囚服，自投诏狱。临行前，刘宗周不顾个人的安危，亲自前往送别，两位道友匆匆交谈了几句，当说及当前国家动荡不安的局势时，不禁感慨万千，并对大明王朝及其臣民的前途命运充满了忧虑之情。时隔不久，黄尊素就含冤遇害，年仅四十三岁（崇祯初年始为其平反，并赠"太仆卿"；南明福王时，追加谥号为"忠端"）。在被害之前，他把自己的长子黄宗羲、次子黄宗炎、三子黄宗会都托付给宗周，让三个儿子同拜宗周为师，这足见他对宗周人品及才学均极为赏识。三个儿子遵照亡父的遗愿，投拜宗周门下，获益匪浅，在学术上创获颇多，而黄宗羲造诣尤深，成为刘门弟子中的佼佼者，同时也是明清鼎革之际的一位大儒。

另外，刘宗周与邹元标、冯从吾、周汝登以及陶望龄、陶奭龄两兄弟等也有深厚的交情，他们要么聚集在一起探究儒家义理，要么互通书信讨论学问。

三、讲学明道

传统儒家大都重视讲学，宋明理学家尤其如此。程朱、陆王学者相互之间各有攻讦，但在注重讲学这一点上却又是一致的，只不过在讲学内容及观点上不尽相同而已。儒家讲学传统肇端于孔子，孔子尝说："学之不讲，是吾忧也。"宋明理学家牢记孔子这一"遗训"，把讲学之风发挥到了极致，特别是明代心学大师王阳明及其部分追随者最热衷于讲学，在他们的心目中，讲学具有至高无上的地位。王阳明在龙场悟道、创立心学之后，以极大的热情投身于讲学。他既能带兵打仗，建立卓著功勋，又能为各个阶层的人们宣讲儒学精义，开启人们内在的良知。在王阳明看来，讲学要高于文章、政事、气节、勋烈。他把讲学既看作是自己本分内事，也将其视为教化世人的首要任务。

林乐昌先生在《王阳明讲学生涯与社会教化使命》中指出，王阳明在长期从事讲学活动的过程中，形成了一套独特的方法和原则，概括起来有如下几个方面：第一，聚集"辅仁之友"。社会性的讲学，非一人所能承担，所以阳明在讲学中最重"师友之道"，由阳明领导、其众多弟子参与的讲学组织，即是以"友"为其核心的。第二，建立书院、讲会，随地讲学不辍。阳明一生修建书院甚多。此外，他还创立讲会之制，讲会设有会籍、会约并定期举行。当然，阳明的讲学活动并不完全依托于书院，而是具有"随地讲授"、随机指点，在军务倥偬中仍"倚马论道"等特点，这些都突破了传统的书院教育模式。第三，面向大众讲学，建立地方社学。阳明讲学不限于士人阶层，并且已开始顾及"愚夫愚妇"，亦即下层平民。阳明每到一地，便敦促地方建立社学。王阳明的大弟子王畿对讲学的重视程度超过了他的老师。嵇文甫先生在《晚明思想史论》一书中说，王畿简直以讲学为性命饥渴，数十年中，专为这一件大事到处奔忙，满腔热情，缠绵固结，生生死死而不能自已。他不顾毁誉荣辱，不管当局是否禁止讲学，不管来学者是否"真发心为性命"，而只是栖栖遑遑、强聒不舍，晓晓然以师说鼓动天下。像这样放下一切，热心拼命地讲学，古今能找出几个人？王畿曾做过官，但任职时间较短，其余的大部分时间都在讲学，足迹遍及很多地方，直到八十岁时仍外出讲学不辍，可谓把一生都献给了讲学。王阳明的另外一个大弟子王艮则以平民阶层为讲学的主要对象，注重开展对平民的教化。

讲学的作用表现在以下方面：对于主讲者而言，可以促使他们把所讲问题的思考引向深入，思考不深入，没有自己的独到见解，所讲内容必然不受欢迎；对于听讲者而言，可以达到增益学问、提高德性修养的目的；讲学若能面对普通百姓，则可以使学术文化下移，进而提高百姓素养，改善社会风气。所以在明代，不但阳明学派的士人积极投身讲学活动，就是一向以学问严谨、笃实而著称的顾宪成、高攀龙、刘宗周等人也热衷于此，当然，与阳明学派相比，他们在讲学内容上更关注民生及当下的时政，且以气节相砥砺。吴震先生在《阳明后学研究》一书中说，从16世纪中叶到17世纪上叶，讲学运动已然带有了一种超学派、超地域的性质，组织形式更为严密，讲学规模日趋庞大，随之而来的社会影响也就越来越大。

当然，如果讲学内容过于玄虚，则会滋生空谈心性的弊病。再者，一些官员借讲学之名来培植亲信，结党营私，或者以讲学为噱头饮酒、游山，这都给讲学活动带来不良声誉。因此，宋、元、明、清时期反对讲学的声音也不绝于耳。明代学者何良俊对王门部分后学的讲学不无微词，认为他们一味沉迷于讲学，且越讲越玄虚，对其他实际的事务则不闻不问，这种讲学是完全于事无补的。明末清初的顾炎武对兴盛于晚明士人之中的讲学之风则大为不满，旗帜鲜明地予以批判。他认为，讲学易激发、加剧人的求名求利之心，流入利禄之途，非但不能达到"明道救世"的目的，还有可能亡国、亡天下，所以他自己一生很少公开讲学。

明朝内阁首辅张居正曾通过政治上的强制性措施来禁止讲学。万历七年（1579），张居正倡议毁弃全国民间书院，禁止私人讲学。他为什么要如此做？其中的一个原因是，一些具有官员身份的学者在讲学方面投入过多的精力，以至于荒疏了政务。刘岐梅先生在《论张居正禁讲学》一文中提到的一个例子就非常具有代表性。据说，张居正曾打算把他的一位知心好友罗汝芳培养成为经世良才，对其委以改革重任。可惜，这位昔日知己根本就不领情，酷嗜讲学，终日谈玄说妙。万历五年，罗汝芳升任左参政，他履行完必要的程序后，居然出城到广慧寺隐居，大会同道，日坐谈禅。张居正大为不悦，以"玩旨废职"之罪令其提前退休。罗汝芳得知后，毫无悔意，甚至还庆幸自己被罢官，说"今去官正好讲学"。张居正对讲学活动逐渐厌烦乃至深恶痛绝。另外，张居正认为，被贬回乡的学者聚众讲学，议论朝政，也不利于朝廷的思想统一和集权统治。张居正禁止私人讲学的做法常常遭到后世学者的非议，认为他压制了民间的学术自由。

万历三十五年，刘宗周在为祖父、外祖父守制期间，曾租借大善寺的僧舍，为宗族及邻里众子弟讲习举子业。这不算是正式的讲学，而是为参加科举考试的学子作一些应试辅导。打一个不太恰当的比喻，举子业即相当于中国古代的应试教育，而讲学则关涉到学术探究及道德教化。当宗族长辈及乡亲盛情邀请宗周主持举子业的讲习活动时，他不便推托。况且，宗周家里当时已经揭不开锅了，通过举办这样的讲习班，他可以获得一点微薄的报酬，以便补贴家用，缓解燃眉之急。宗周尽心尽力地教书育人，对学子们也严格要求，让他们"一准规矩，出入进退，俱有成度"。对于无故旷课的成年学子，宗周则令其长跪，以作为惩戒。宗周的做法受到了宗族长辈及乡亲们的称赞。

一位名叫陈尧年的学子于万历四十年正式拜刘宗周为师。这一年，刘宗周尽管只有三十五岁，但在浙东一带已享有较高的声誉，被视为真儒复起。万历四十二年，刘宗周请假告归，陈尧年率领诸生二十余人谒见宗周，恳请宗周为他们授课、讲学。宗周答应了，但又为授课的地点犯难了：其家房屋破落不堪，仅能遮蔽风雨而已，且没有多余的房子作为讲学之用。幸好宗周的一个弟子朱昌祚的家中相对宽敞，昌祚主动提出将自家名为"解吟轩"的房屋腾出来，提供给老师作为讲学之所。于是，宗周的讲学活动开始了。此次讲学，他不仅教学子举子业，还特别看重学子德性的养成，认为"德行本也，时艺末也"。另外，宗周授课、讲学，自始至终突出一个"严"字，学子中有轻浮、放荡者，轻则严厉批评，重则逐出学堂。

刘宗周在这次居乡授徒讲学期间撰写了《四箴》《座右铭》，既劝诫学子，又自我勉励。比如，《四箴》（含《酒箴》《色箴》《财箴》《气箴》）阐述了如何防止人陷溺于酒、色、财、气之中而不能自拔，讲得非常细致。宗周教导后辈晚生，往往不是讲空泛的大道理，而是具体而微，主张人应从细小处进行自我检点、自我约束。在他看来，"凡一语一默、一饮一食、一进一反，莫不各有当然之则"，人能够从细微处入手，培养恪守规则的意识，循序渐进，庶几可成为大人、君子。这一点在其晚年所著的《人谱》中得到了更为充分的体现。当然，宗周也并非成天板着面孔。课暇之余，他率领学子登上蕺山之麓，饮酒赋诗，一唱一和，声震山谷，师生都非常尽兴，一路欢笑而归。万历四十四年，宗周将讲学场所移至石家池，次年又移至韩山草堂。

刘宗周不但在乡间为诸生宣讲儒家义理与为人为学之道，还积极参加京城的讲会活动，与当时的名儒、大儒展开学术交流。天启二年（1622），都察院左都御史邹元标、左副都御史冯从吾会同御史台诸同人，共建书院于北京宣武门内东墙下，因为京城是天子之都、首善之地，所以新建书院被命名为首善书院。首善书院聚集了一大批朝野内外的贤达人士，除了主事者邹元标、冯从吾之外，高攀龙、杨东明、李日宣以及晚明科学家李之藻等都参与其中，而内阁首辅叶向高也大力支持书院的讲会活动。刘宗周那时正在京城任职，他也是书院的核心成员之一。

这里对首善书院的两位发起人略作介绍。邹元标，字尔瞻，号南皋，万历五年进士，吉水（今江西吉水县）人。他年轻时就有远大的志向，在他看来，一个有道德的人在任何时候都不能消极退让和放弃职责。邹元标做官之后，与刘宗周、高攀龙等人一样，从不计较个人的利害得失，多次犯颜直谏，以至于数次遭受廷杖之刑，并被贬斥，但他始终宁折不曲，卒后被赠太子太保、吏部尚书，谥"忠介"。冯从吾，字仲好，号少墟，长安（今陕西西安市）人，万历十七年进士，师从许孚远，与刘宗周为同门师兄弟。冯从吾先后任御史、左副都御史、工部尚书等职，与刘宗周一样，他也是一位忧国奉公、勇于担当、直言敢谏之士。万历二十年，冯从吾呈上《请修朝政疏》，该疏批评了皇帝的诸多过失。万历帝阅后恼羞成怒、大发雷霆，传旨欲廷杖冯从吾。幸好当时正在庆贺万历帝的生母——仁圣皇太后的寿辰，加上数位大臣的联名保举，冯从吾才逃过一劫。他毕生热衷于讲学，认为讲学可以"发蒙击蒙，移风易俗"。冯从吾除了与邹元标在京城共同发起并主持首善书院之外，还长年担任陕西关中书院的山长，其大半生都是在关中书院度过的。

按照黄宗羲的说法，刘宗周在首善书院的讲会活动中发挥了"为两家骑邮，通彼我之怀"的作用。原因在于，邹元标、冯从吾虽然共同主持书院，但两人的学术见解却多有分歧。邹元标比较突出体悟，而冯从吾则重视躬行，两人之间不免有争论。刘宗周尽可能在两人之间进行平衡。不过，从学术倾向来看，刘宗周更认同冯从吾的看法。分歧归分歧，邹、冯之间的私交一直很好。而且，首善书院的门户观念不是太强，学者们在一起开展学术讨论，气氛较为和谐，众多学子也前往聆听，在京城产生了一定的轰动效应。可惜好景不长，就在首善书院成立的当年，因为给事中朱童蒙、郭允厚、郭兴治等人的上疏诋毁以及当时朝廷内部的党争，书院事业遭受重创。邹元标、冯从吾先后回原籍，讲会活动不得不中断，首善书院名存实亡。陈时龙先生在《从首善书院之禁毁看晚明政治与讲学的冲突》一文中说，首善书院最后的厄运无疑是政治斗争所造成的。反对讲学者认为，讲学即是结党营私，这种看法明显是一种偏见。可是，讲学者一旦被人扣上这顶"大帽子"，便有口难辩了。首善书院的禁毁，从某种程度上折射出了晚明政治与讲学之间的冲突。

刘宗周于天启五年被革职回乡后，专门从事讲学。当时朝廷为阉党人物把持，他们人为地制造了很多冤假错案，朝廷内外的气氛空前紧张，用"风声鹤唳"来形容这个时期的形势当不为过。刘宗周认为，国家越是处于危难之际，越是需要通过讲学来激起节义、挽回人心。其原话是："天地晦冥，人心灭息。吾辈惟有讲学明伦，庶几留民彝于一线乎？"在宗周看来，世道为什么会这么糟糕？是因为人心坏了。人心为什么会坏掉？是因为人不读圣贤之书、不习圣贤之理、不作道德上的自我反思。有无出路？有，人可通过读书、讲学、反求诸己，重新呈现人的本善之心，进而重建社会政治及人伦纲常的秩序。这是宗周的一套逻辑推论，它虽然有道理，但不够全面，宗周未能触及社会制度层面的变革问题。

刘宗周召集诸生，会讲于蕺山之麓的解吟轩。会讲从天启五年五月开始，每月一会。它不纯粹是知识性的讲学，在讲学过程中，个体的心性修养被空前地凸显出来。刘宗周要求来学者务必收敛身心，并在心性的隐微之处立定根基，成就内在的德性。这段时期，刘宗周酝酿已久的慎独学说已初具雏形，其讲学主旨及内容因而变得愈来愈集中，而不似以前那么散漫。可惜，宗周在这一年的年末即不得不辍讲。那时，杨涟、左光斗等"六君子"已被阉党迫害致死，魏忠贤又矫诏禁止民间讲学。宗周本来欲冒死讲学，但被高攀龙极力劝阻。高攀龙说，君子之人不可有"逃死之心"，但也不可有"求死之心"。"逃死之心"与"求死之心"都是有害于道的，即便是死，也要"尽道而死"，但"尽道而死"却不是"立岩墙之死"。"立岩墙之死"源自《孟子·尽心上》，孟子的原话是："知命者不立乎岩墙之下。"这里所谓的"岩墙"是指即将要倾塌的墙。孟子认为，懂得天命的人绝对不会傻乎乎地站立在危墙下面。孟子这里并非要明哲保身，而是说人不可过于鲁莽，作无谓的牺牲。刘宗周觉得高攀龙讲的一番话很有道理，就采纳了，中止了讲学，韬光养晦数年，携子刘汋读书于韩山草堂。一些门生、弟子在此期间仍私自拜谒宗周，向其请教学问。宗周虽然没有公开讲学，但他还是乐于与少数学者及弟子、门生切磋学问。

刘宗周讲学生涯的巅峰时期则是他在主持证人书院期间。证人书院于崇祯四年（1631）成立，设于绍兴陶文简公祠内

（又称为石篑祠或石篑书院），刘宗周与陶奭龄同为主事者。他们讲学的组织被称为证人社。所谓"证人"，即证成人之所以为人的道理。证人社倡导学者通过不间断地改过、修身，培养高尚德性，成就圣贤人格。刘宗周亲自为证人社撰写了《檄文》，订立了《证人社约》。证人社每月举办一次讲会，每月三日被确定为讲会时间。崇祯四年的三月初三，证人社举行了第一次讲会，当时约有二百余人与会，即便从今日学界的标准来看，规模也是相当大的。

陶奭龄在证人社讲会中也发挥了与刘宗周同等重要的作用。陶奭龄，字君奭，又字公望，号石梁，会稽（今浙江绍兴）人，万历三十一年举人，曾任建德教谕、吴宁知县、济宁太守等，后辞官归里，安心读书、讲学。陶奭龄与其兄陶望龄都是当时具有一定影响力的文化名人。在学术上，陶奭龄常常援引佛禅之学来阐释儒家经典，"以弄唇舌为机锋，以持黠慧为妙悟"。一向严辨儒、佛之异的刘宗周当然不会同意陶奭龄的这种做法，明确予以反驳。两人尽管共同主持证人社，但在思想学术上却存在着较大的分歧。刘宗周除了反对援禅入儒之举，还就本体与工夫的关系问题与陶奭龄展开辩论。陶奭龄重视本体而轻视工夫，他否认了本体与工夫的双向互动关系，没有认识到本体是随着工夫展开以及主体的不断践履才得以向前发展的。刘宗周则认为，即便在认识本体后，也不意味着无事可做，不表示主体就可以纵横自如，六通无碍；本体的展开过程是无限的，如果不经过主体严格而持之以恒的践履工夫，那么所识本体便如镜中花、水中月，是虚无缥缈的。如果只在本心上作体悟的工夫，没有切实的道德实践，必然会误入虚无寂灭的歧途，这是一种"率天下而为禅"的行为。

证人社在崇祯四年这一年之内共举办了十一次讲会（当年有闰十一月）。每次讲会都有一个较为明确、集中的主题，通常会选择"四书"（《大学》《中庸》《论语》《孟子》）或儒家其他经书中的一章或某个范畴、命题作为讨论的重点，先由主讲者提出问题，摆出论点，再由其他与会学者自由发言，相互之间切磋交流，其乐融融。除了浙江籍的学者参与外，也有浙江之外的学者闻讯后远道而来参与其中，因此证人社在当时学界造成了一定的影响。可惜好景不长，证人社两位主事者因为有不同的学术观点，也有各自不同的追随者，遂导致证人社逐渐走向分裂，其成员不欢而散。当然，证人社讲会的成果还是被保存下来了。每次讲会，都有人作了详细的记录，这些记录后来被汇编成为《证人社语录》。

　　崇祯五年五月，刘宗周联合同道、门生及地方乡绅，将位于会稽的古小学重新修葺完工，并举行了奠礼。古小学原为嘉靖年间绍兴知府洪珠所建，它既是用以祭祀宋儒尹焞（和靖）的祠堂，也是学子习学的场所。隆庆及万历时期，古小学的读书及讲学活动曾一度荒废，无专人照管，其房舍及院落遂破落不堪。宗周天启年间即有意修复，但当时因阉党人物把持朝政，禁止民间讲学，修复工程一直无法启动。崇祯初年又大兴讲学之风，宗周在诸生的协助下，终于将古小学修葺一新，才完成多年来的心愿。于是，他在古小学"大会生徒"，有时也到阳明祠讲学论道，而先前的石篑祠则很少再去了。陶奭龄则率部分学子讲学于白马严居。自此，刘、陶二人在学术上算是分道扬镳了（两人私交仍很好，陶去世时，刘还为其写祭文，并为其文集作序），而证人讲会也告一段落。直到清康熙六年（1667），在宗周弟子张应鳌等人的主持下，证人讲会才重新开讲。第二年，黄宗羲与万斯大等人则在甬上（今浙江宁波）创设"甬上证人书院"。书院仍以"证人"命名，旨在表达对先师的缅怀之情。

刘宗周虽然热衷于讲学，但若有其他急务，他会暂时放下讲学，投身于实际的事务之中。比如，明崇祯七年（1634）绍兴一带发大水，灾情很重。宗周倡议设立"义仓"，呼吁人们若有余资、余粮就捐献出来，以解决灾民的燃眉之急；同时他数次致书官府，恳请官府安顿好每一位灾民。崇祯九年秋，绍兴府所属的嵊县（今浙江嵊州市）因气候干旱，不少地方颗粒无收，粮食奇缺，到了第二年春季，粮食缺口更大，粮价暴涨，不少人只好"掘土当食"，或以草根树皮充饥，饿死者甚多。刘宗周得知后，又是多方奔走，募集钱粮，赈济灾民。他还要求门生弟子到灾情最严重的地方做"志愿者"。门生弟子没有辜负老师的重托，他们在重灾区设粥厂一百三十七处，很多灾民因此而受惠。崇祯十三年春，绍兴又遭受水灾，宗周不顾年老体衰，仍然致力于救灾工作，这虽然不是他分内的工作，但他每次都乐此不疲。

崇祯皇帝自缢而亡之后，刘宗周基本上停止了讲学。在他看来，读书、讲学的目的是为了更好地践行忠孝之理，如果王朝就要灭亡了，自己还百般饶舌、拨弄文字，于国于民有何益处？他甚至不愿再与弟子们讨论学问了。门人张履祥欲向刘宗周请教学问，就遭到拒绝。他说，现在是朝廷多灾多难之际，吾辈如何安心讲学论道？宗周这时已是一位六十七岁的老人了，在家乡平静地度过余生无疑是其最好的选择，但他放弃了这种安逸生活，最后一次步入官场，任职于南明小朝廷。他当然不是为了当官，而是为了挽救国难，不惜拼上自己的一把老骨头。可是南明政权仍然是一个糟糕透顶的政权，不思悔改、不思进取，他绝望了，于是很快又辞职。哀莫大于心死，宗周当时唯一的想法就是以身殉国，"求死惟恐不速"，后来绝食而逝。

在讲学过程中，刘宗周开创了独树一帜的蕺山学派，这个学派以刘宗周为首，以黄宗羲、陈确、张履祥等为中坚。蕺山学派在明清思想史乃至整个中国学术发展史上都颇具影响。宗周生前不事张扬，不结交朋党，不立门户，甚至也从不以师道自居，很多学子都是慕名而拜其为师。宗周一生主要在家乡讲学，所以他的弟子也多为浙江籍。宗周弟子一共有多少人？现在已很难考证清楚了。不过，宗周的几位弟子及再传弟子或多或少地透露了一些信息，但各人所记并不统一。黄宗羲在《蕺山同志考序》中认为刘门弟子有三百七十六人，但他没有列出所有弟子的名单；重新修订《刘子全书》的宗周弟子董玚撰有《蕺山弟子籍》，他在该文中列宗周嫡传弟子八十人，"学人"（基本上是宗周的再传弟子）六十六人，并且标出了每位弟子的姓名、籍贯；私淑黄宗羲的全祖望在《子刘子祠堂配享碑》中列宗周弟子三十五人；今人衷尔钜先生在《蕺山学派哲学思想》中对宗周部分弟子及再传弟子的生平事迹及著述进行了考证，无法考证的则录其姓名。宗周生前既无意创立一个哲学体系，也无意成立一个学派，许多投其门下的弟子可能根本就没有留下姓名，这导致后人在统计宗周弟子人数时说法不一。宗周弟子的实际人数可能逾千人，但在当时政界、学界及社会各界有一定影响力的大概数十人而已。不过，宗周本人堪称一位"道德完人"，其弟子大多也能够做到洁身自好，在道德上有劣迹者非常少。衷尔钜先生说，宗周弟子往往以气节自守，或操戈抗清，或削发隐遁，或不食清粟终老布衣，或殉节报国，较好地践行了宗周倡导的学说。

在学术上，刘宗周的弟子存在着不同的思想倾向。王汎森先生在《清初思想趋向与〈刘子节要〉——兼论清初蕺山学派的分裂》一文中指出，刘宗周去世后，蕺山学派一分为三：第一派以刘汋、张履祥、吴蕃昌为代表，倾向于程朱理学；第二派以陈确为代表，独树一帜，根本否认《大学》《中庸》的正当性；第三派以黄宗羲为代表，倾向于陆、王之说。笔者认为，刘宗周学说本身就是一个包容的体系，同时具有以上三种不同的思想面向，不同弟子从不同角度来诠释师说，自然会得出不同的结论。相对而言，黄宗羲能够谨守师说，他所作的阐发最接近于宗周学说的主旨。他一生推崇师说，其《明儒学案》即是以刘宗周的思想为纲领而编成的。学案之首，先叙述"师说"，学案之末，则以《蕺山学案》作为全书的压轴。而黄宗羲作《孟子师说》，也是反复研读宗周遗著，揣摩、领会宗周学说宗旨之后而作。《孟子师说》虽然主要反映了黄宗羲本人的主张，但其思想要旨基本上不违师说。与其师不同的是，黄宗羲并未仅仅局限于探讨儒家心性之学，他对理学、经学、史学、文学、历法、数学、乐律及释道百家等都有独到的研究，尤其注重史学，因而被后人视为浙东史学派的开山之祖。

任何一个学派内部都有纷争，蕺山学派也不例外。首先，因刘宗周手稿的篡改问题而引发了争议。何俊、尹晓宁先生指出，刘宗周去世后，其手稿保存在他唯一的儿子刘汋那里，本来刘汋应该最有解释权，但刘汋并不认同抑或不能理会家学，走向了程朱一系，非但如此，他还将父亲手稿中不合程朱之处加以篡改，使得宗旨大变。这种做法引起了宗周部分弟子的不满。比如，董玚认为，刘汋的改动歪曲了其父的学术宗旨，因此，他在重订《刘子全书》时，就恢复了刘汋涂改前的文字。黄宗羲也难以理解刘汋的做法，他曾用"不知量"三字对刘汋提出了严厉的批评。其次，蕺山学派内部因学术见解的歧异而激烈辩论乃至相互诋毁。比如，张履祥和陈确在一些学术问题上存在较大的分歧，两人互不相让，打了很多笔墨官司，后来的辩论不纯粹是学术之争了，而是变成了意气之争，火药味相当浓。蕺山学派内部的纷争导致这个学派逐渐走向分裂。

第3章

政坛清流人物（上）

　　刘宗周是一位儒者。儒者没有不关心政治的，否则便称不上是儒者。刘宗周不仅关心政治，而且有实际的从政经历。当然，刘宗周的政治实践从总体上看是不成功的。事实上，不止刘宗周，中外历史上道德理想主义者的政治实践大都难以奏效，但我们不能否定他们政治追求的价值。儒家创始人孔子曾历经艰险，周游列国，每到一地，必向各个诸侯国的君主及执政大臣宣扬他的德治理想；孟子也效仿孔子，奔走各地，劝说各国执政者实行仁政。可是，孔、孟的政治主张往往被执政者视为迂阔之说而不予采纳。尽管如此，孔、孟儒家的政治理想及实践对后世还是产生了较大的影响，为后人所津津乐道。

　　刘宗周秉持的即是孔、孟的仁政及王道政治理想。他注重自身道德人格的培养，同时寄希望于皇帝成为像尧舜那样的明君，寄希望于朝廷和地方各级官员能够做到清正廉洁，然后以这些治国者的道德人格促进政风的好转，进而推动民风归于淳朴。当然，现实社会和政治往往是不尽如人意的，刘宗周也深知这一点，他对明代万历以来的官场颓败、民生凋敝以及各种社会危机有着深刻的洞察。道德理想主义者并非生活在虚无缥缈的空中楼阁之中，他们十分了解现实政治及社会生活中的各种丑恶现象，但却不会认可当下的现实，而是试图以殷切的救世之心对当下的现实加以扭转。刘宗周认为，天下之治乱系于人伦纲纪之好坏，因此，自天子、百官臣僚以至于庶人，都要修身、自律，端正世道人心，天下才有可能大治。这种德治理想虽然很美好，但在实际的政治运作中却很难被贯彻、落实下去。

传统专制政治的格局决定了刘宗周只能成为忠臣、清官，而不是政治制度的革新者。他既有忠诚，也有勇气。在刘宗周的心目中，国家社稷、天下苍生是最为重要的，而个人的荣辱得失则是无关紧要的。他在朝廷任职期间，从不以仕途的升降、进退为意。这样一来，刘宗周就敢于冒死陈言，犯颜直谏，贬官、罚俸、革职为民乃至于入狱、杀头等对他来说都是无足轻重的。在一定意义上，做一位死谏之士比做清官更难，后者只需少一些私欲，不贪赃枉法、中饱私囊即可，前者则还须有极强的正义感和不怕死的勇气。恰如我们平常人，做一个洁身自好且乐于助人的好人易，做一个敢于和邪恶势力作斗争的勇士则难。幸好刘宗周的直言敢谏尚未给他带来杀身之祸，但在其一生不算长的任职期内，竟然有三次被革职为民，一次在天启年间，另外两次在崇祯年间。

当代学者东方朔先生在《刘宗周评传》中指出，刘宗周的三次被革职为民，皆非为玩忽职守、误国误民，而仅仅是出言直正，所得罪名则是"藐视朝廷""比私乱政""慑拗偏迁"等。应当说，比之于其他因指斥时弊而冤丧性命的士大夫而言，宗周一生仍是不幸中之万幸。然而，当我们说这"万幸"

两个字时，除了苦涩和无奈之外，又还能感觉到什么？谭嗣同说"有心杀敌，无力回天"，这道尽了几千年来士大夫忠诚忧国的可悲命运。由此看来，对现实的批难必须从自本自根的制度结构中开出一条法律的通道，而这条法律通道的开出，却必须对制度本身作出重新的安排。

可惜，刘宗周无法对传统政治的弊端作鞭辟入里的反思，更不可能找到走出传统政治怪圈的途径。这种诘难对于生活在明代的刘宗周来说也许是一种苛责，他的忠义已足以让我们万分钦佩。无论与刘宗周同时期的人以及后世之人如何评价刘宗周，他们都不会否认一点：刘宗周是晚明政坛的一位清流人物。所谓清流，即指正直、耿介、忠义之士，他们自身十分清廉，同时又能够直陈朝政之弊。

刘宗周历仕明神宗、熹宗、思宗、福王四朝。但刘宗周在官之日甚少，据《年谱》的记载，他"通籍四十五年，在仕版者六年有半，实立朝者四年，而被革职为民三次"。主要原因在于，刘宗周是一个道德感、原则性十分强的人，他在任何时候都不愿意为了做官而曲意逢迎他人，常常直抒胸臆，绝不掩饰自己的立场与见解。这样一来，刘宗周不管担任何种官职，皇帝都能肯定其忠，却无法容忍他不留情面式的直言相谏，皇帝一发怒，刘宗周便可能被革职为民。另外，刘宗周时常痛斥朝廷中的奸佞小人，奸佞小人自然也不会放过刘宗周，而是想方设法将其驱逐出朝廷，甚至欲置刘宗周于死地而后快，刘宗周不止一次使自己处于这种危险状态之中（令人意想不到的是，他每次竟然都能化险为夷）。可以说，刘宗周的个性特征及处世原则决定了他不可能长期混迹于官场，更无法"稳坐钓鱼台"。

一、初涉政坛

刘宗周于万历二十九年（1601）考中进士，同年母亲去世，刘宗周返乡为母亲守制，并于万历三十二年始赴京任职，首任行人司行人。行人司是明代的官署名，洪武十三年（1380）创置，开始设行人（正九品）及左、右行人（从九品），后来改行人为司正（正七品），左、右行人为左、右司副（从七品），另设行人若干名（正八品）。行人司主要掌管传旨、册封事宜，凡朝廷颁行诏敕、册封宗室、抚谕四方、征聘贤才以及赏赐、慰问、赈济、军务、祭祀等，则派遣行人出使。该司是一个清水衙门，所以一直有"冷曹"之称。刘宗周做官不是为了逐利，他当然不会在乎是否为"冷曹"，上级所交代之事，他都竭尽全力地完成。

刘宗周初涉政坛，就显得与众不同。一般人若刚入仕，会十分珍惜新获得的职位，小心谨慎，而不敢对朝政问题说三道四。刘宗周不仅要表达他对朝政的看法，而且还试图弹劾当时政坛重量级的人物——内阁首辅沈一贯。沈一贯，字肩吾，又字不疑、子唯，号龙江，鄞县（今浙江宁波）人，隆庆二年（1568）登进士第，万历二十三年入内阁，参与机务，万历二十九年十一月，成为当朝首辅。当时万历帝长期称病，疏于朝纲，大权遂旁落沈一贯手中。沈一贯网罗朋党，大肆排除异己。沈一贯任内阁首辅时期，发生过"楚狱案""妖书案"，这些案件与沈氏都有一些关联。

以"妖书案"为例，该案是晚明的疑案之一。"妖书案"在万历年间共发生过两次，第一次尚未引起政坛的震动，第二次则使得朝廷众官惶惶不安，人人自危。第二次"妖书案"发生于万历三十一年。这一年的十一月十一日清早，内阁大学士朱赓在家门口发现了一份题为《续忧危竑议》的揭帖（类似传单的东西），帖子指责了万历帝的宠妃郑贵妃，认为郑贵妃为了册立自己的儿子福王朱常洵为太子，阴谋策划废除太子朱常洛。不仅朱赓收到了这份揭帖，此前一夜，它已经在京城广为散布，上至宫门，下至街巷，到处都有。《续忧危竑议》假托"郑福成"进行问答。所谓"郑福成"，意即"郑贵妃之子福王朱常洵当成"。帖中说：万历帝立皇长子朱常洛为皇太子实出于不得已，他日必当更易；用朱赓为内阁大臣，是因"赓"与"更"同音，有"更易"之意。这个揭帖大概只有三百来字，但内容却如同重磅炸弹，在京城中引起了轩然大波。当时的人们认为这本书"词极诡妄"，于是称其为"妖书"。《续忧危竑议》指名道姓地攻击了内阁大学士朱赓和首辅沈一贯，说二人是郑贵妃的帮凶。二人大惊失色，除了立即上疏为自己辩护外，为了避嫌，他们不得不戴罪在家。沈一贯老谋深算，为了化被动为主动，便指使给事中钱梦皋上疏，诬陷礼部右侍郎郭正域和另外一名内阁大学士沈鲤与"妖书案"有关。他们之所以要诬陷沈鲤，除了因为沈鲤与沈一贯一直不和外，还因为当时内阁只有三人——首辅沈一贯、次辅朱赓以及沈鲤，沈一贯和朱赓均被"妖书"点名，只有沈鲤一个人榜上无名，独自主持内阁工作，自然，人们会理所当然地怀疑他。而郭正域乃是沈鲤的门生，沈一贯和钱梦皋联合起来诬陷沈鲤和郭正域，不过是挟嫌报复。郭正域正要离开京城时被捕。巡城御史康丕扬在搜查沈鲤住宅时，又牵扯出名僧达观（著名的紫柏大师）和医生沈令誉。达观和沈令誉都受到了严刑拷打，达观更是被拷打致死，但二人都未能如沈一贯所愿，供出郭正域等人。他们守住了做人的底线，绝不诬陷好人。针对郭正域的审讯一连进行了五天，始终不能定案。万历帝下诏责问会审众官，会审众官为了能够交差，就将与此案无干系的男子皦生光屈打成招，算是为"妖书案"找到一只替罪羊。这一案件最终不了了之。由此案可以看出晚明政治之乱象，而沈一贯、钱梦皋等人在其中扮演了十分不光彩的角色。

刘宗周对沈一贯等人的乱政作为十分不满，决定上疏弹劾。但友人出面相劝，认为宗周父母已不在人世，祖父需要人赡养，宗周之女尚幼，不可贸然行事。刘宗周反复思量，才停止了弹劾沈一贯等人的行动。忠勇之人行正义之事，自家性命固然不足惜，但拖累家族、让家族之人无辜遭受厄运，这是让忠勇之人最为纠结之事。明初大儒方孝孺因触怒燕王朱棣（后来的明成祖），他自己被凌迟处死，同时被诛十族，死难者达八百余人。刘宗周这次的放弃，并不是因为胆怯，而是实有不得已之处。后来刘宗周重新出仕，在对待朝政大是大非的问题上，他往往会坚持自己的原则，很少再思前想后、顾虑重重。人们常说忠、孝不能两全，这在忠勇之人身上表现得尤为突出。忠勇之人不是不爱家族之人，而是在爱国家、爱天下苍生与爱家族之人发生尖锐冲突之时，他们不但不能保护家族利益，有时还不得不将家族之人置于危险之境。

刘宗周不得行其志，却又无力抗争，他感到万分苦闷，因此决定辞官回乡。在赴京任职当年的年末，刘宗周就呈上《遵例陈情恩赐侍养以全子道疏》，朝廷对此置之不理。这位新任"公务员"上班不足一年就主动辞职，不用说在"官本位"思想十分浓厚的古代社会，就是在今天看来也令人不可思议。有的文人士大夫混迹于官场，时间一久，可能会心生厌恶之情；刘宗周初涉官场，已颇觉不适。万历三十三年三月，刘宗周再上《遵例再恳天恩终赐侍养以伸子情疏》，五月获准回乡。回乡之后，刘宗周尽心侍奉外祖父南洲公及祖父兼峰公。二公在这一年内先后病逝，刘宗周伤心至极，好在他已辞掉公职，在二公去世之前，他能日夜守候在病床前，并为二公送终，尽了作为孙辈应尽的孝道。刘宗周虽居家守制，但仍"通籍"（朝廷中有他的名籍），用现在的话来说，刘宗周还具有国家公务员资格，属于干部编制。但当时朝廷规定，官员守制或请病假、事假，在一定期限内须向吏部报告情况。而刘宗周在为其祖父、外祖父尽孝以及他本人养病期间，三年内没有向吏部申请补选，一直到万历三十七年，他才"申文吏部，以病请告"，即向吏部报告患病情况，朝廷也没有刻意追究刘宗周的这种不当做法。

二、再度出仕

刘宗周虽然穷居家乡，但声名已远播于外。万历三十六年（1608），叶向高任内阁首辅（沈一贯已于万历三十四年被罢相）。叶向高以及当时的吏部尚书孙丕扬都十分欣赏刘宗周，支持他再度出仕。万历三十九年，浙江巡抚高举、巡按王洪基大力向朝廷举荐刘宗周。

万历四十年三月，刘宗周到达京城，重新被授予行人司行人之职。同年四月，他即奉命任副使，册封益王，正使是给事中彭惟成。彭、刘一行于七月始正式赴江西建昌行册封礼，他们按朝廷颁定的程序进行册封，一切正常。册封礼完毕，益王送礼百金以作酬答，刘宗周婉言谢绝。

刘宗周可以称为学者型官员。一般说来，学者型官员既有专业性，又有较强的思考力和较高的道德理想。刘宗周的专业不是某种实用学科，作为儒家学者，他对儒学典籍有深入的研究，且将孔孟儒学奉为自己的信仰。所以，他不是按部就班地完成职场之事，哪怕是干一些普通的公差，都能体现出其思考问题的独特性以及忧国忧民之心。比如，担任行人司行人，这是明代一个非常普通、极不显眼的职位，但刘宗周在寻常工作中就能发现问题，并提出改进对策。

万历四十一年四月，刘宗周上《敬循使职谂陈王政之要恳祈圣明端本教家推恩起化以裨宗藩以保万世治安疏》。这个疏的题名较长，且正文也有洋洋六七千言。疏中，刘宗周陈述了明代宗藩之政的弊端，认为此问题积弊已久，到了万历朝更是达到了无以复加的地步。因此，当政者不可回避此问题，而应勇于面对，寻求对策。刘宗周在疏中提出了六条建议：议爵、议禄、议官、议教、议养、议制。当时不少人认为此疏写得很好，有针对性，充满了经世致用的精神，只可惜疏入不报，未被采纳。

当年十月，刘宗周又向皇帝上《修正学以淑人心以培国家元气疏》。在该疏中，刘宗周阐述了如何培固国家元气、如何消弭朝廷党争等问题，认为"国家之有贤人君子，犹人之有元气也。元气削而其人未有不立槁者"，也就是说，人有元气，则身体康健，国家有元气，则国富民安，国家有无元气的重要标志之一则是国家有无贤人君子以及能否充分发挥贤人君子的作用。刘宗周进而指责万历帝荒于朝政，对于人才的进退、臣子的奏疏、朝廷的风气一概置之不理，这使得国家有贤才而不能得以起用，而在籍官员则党同伐异，朝廷党争愈演愈烈。刘宗周对此忧心忡忡，他认为，党争是要不得的，它使朝廷官员之间互相倾轧，而大明王朝也因此而大伤元气，最终遭殃的还是天下苍生。刘宗周不但这样认为，而且也是这样做的，他绝不与人结为朋党。

这里，我们有必要对晚明党争情况作一点简单的介绍。晚明时期存在着不同的政治利益集团，朋党之风极重，朝官言官，北官南官，朝野文士多结为朋党，尤其以昆党、宣党、浙党、齐党、楚党、东林党为最盛，明代天启年间又形成了所谓的阉党。昆党首领是顾天峻，江苏昆山人，"昆党"之名即由其首领的籍贯而来；宣党首领是汤宾尹，安徽宣州人，喜好广收门徒，追随者众多；浙党首领是沈一贯，浙江宁波人，曾任内阁首辅，他纠集在京的浙江籍官僚，组成浙党；齐党首领是亓诗教，山东莱芜人；楚党领袖是官应震、吴亮嗣，两人都是湖北人。齐党、楚党常常依附于浙党，联合攻击东林党，以排除异己为能事，有的学者将它们合称为"齐楚浙党"。

再说东林党。它是晚明时期以江南士大夫为主的政治集团。提到东林党，不能不涉及东林书院。该书院原是宋代理学家杨时讲学之地，因岁月的磨蚀，早已坍塌，只剩下残垣断壁。万历三十二年，在常州知府欧阳东风和无锡知县林宰的资助下，顾宪成、顾允成两兄弟倡议修复了东林书院，他们偕同高攀龙、钱一本、薛敷教、史孟麟、于孔兼等聚众讲学。东林学者在讲习学问的同时，也高度关注国计民生问题，并通过"清议"的方式，议论朝政得失，发表政治见解，将读书讲学与议政活动结合起来。可以说，大部分东林学者在无官无职的情况下，仍旧"志在世道"，以国家兴亡为重。顾宪成就说：

"官辇毂，志不在君父；官封疆，志不在民生；居水边林下，志不在世道，君子无取焉。"也就是说，当京官不忠心事主，当地方官不为民造福，居于乡里不关注民间的风俗教化，就不配称为君子。从这里可以看出，顾宪成及其他东林学者在很大程度上打破了脱离实际、言而无物的传统书院的不良作风。今人所熟知的"风声、雨声、读书声，声声入耳；家事、国事、天下事，事事关心"的主张也是出自这个学派，这同样反映出他们具有救世济民的情怀。正是由于东林学者关注现实，敢于抨击朝政，訾议权贵，在社会上的影响越来越大，一些朝中和他们持类似观点的官僚士大夫也与其遥相呼应。由此，东林书院在无形之中成为社会舆论的中心，朝中的反对派就把他们称为"东林党"。这样一来，"东林"既可被看作是一个学术团体，又可被看作是一个实际的政治组织，在晚明历史上成为一股不容忽视的政治势力。

晚明史研究专家谢国桢先生在《明清之际党社运动考》一书中指出，万历年间东林党势力的消长，可以分成三个时期：第一个时期在万历二十年左右，是东林党萌芽的时代；第二个时期是王锡爵、沈一贯专政的时代，东林党的旗帜鲜明，人民的舆论与其一致，他们唯一的对手就是政府；至于第三个时期，齐、楚、浙三党得到了一部分势力，于是东林党不能不想尽办法来破坏三党，而三党也不能不想尽方法来破坏东林党。东林党基本上是站在批评执政大臣的立场，以清流自命。当然，他们也不是针对某一个人，而是针对朝廷的政策。这样一来，东林党人的概念也扩大了，凡是批评朝廷腐败的，凡是为清流所承认的正派大臣辩护的，凡是主张在官僚考察中去奸留贤的，等等，都被视作东林党人。由此，以东林书院为基地而形成的政治团体与其他地区反对朝廷政策的士大夫，在当时的政治斗争中浑然一体，形成一股社会力量。但东林党在万历朝没有真正受到重用，至天启初年，内阁、都察院、吏部、兵部、礼部等要职都为东林党所把持，东林党权势才盛极一时。但东林党并未能很好地利用这个契机来求得政治业绩的建树，而是一味意气用事，以至于党争愈演愈烈。他们起用大批前期受贬的同党人，同时又排斥异党，打击宿敌齐、楚、浙诸党。这一做法不但没有壮大东林党自己的势力，反而为渊驱鱼，迫使一些本非死对头的官员投靠正在发迹的魏忠贤，终于酿成阉党的专政。对于以魏忠贤为代表的阉党，东林党的立场非常鲜明：鄙视加上排斥。这样一来，魏忠贤也将东林党视为死敌，对东林党发动了攻击。

东林党在天启五年（1625）之后的数年间遭到魏忠贤之流的残酷镇压，同时魏忠贤又以剿灭东林党的名义，拆毁全国书院，禁止民间讲学，用以压制在野东林党人和士大夫知识分子对时政的议论。崇祯帝即位后，才为遭受迫害的东林党人士恢复名誉，但东林党与阉党仍潜伏地对立着，并且时有纷争，这种斗争直至南明残余势力彻底覆亡为止。

在党争纷嚣的晚明政坛中，刘宗周何以自处？他的立场很鲜明。一方面，他不愿结党。在浙党等党派中，有不少人为浙江籍，刘宗周也为山阴人，他的一些浙江同乡希望他能够加盟，以便在险恶的官场斗争中增加战胜政敌的筹码；反之，如果孤军奋战，则易被对手击败，恰如落单的孤雁易被猎手射中一样。可是，刘宗周却对这种搞"小圈子"、朋比为奸的做法十分反感。他也交朋友，但所交之友大都是正人君子，而非蝇营狗苟的逐利之徒。陈永革先生在《儒学名臣——刘宗周传》

一书中说，为官清正的刘宗周，得罪了那些立场褊狭的浙籍党人，他在当时的官场上孤立无援，但他宁可放弃地域性的政治利益，也要坚持身为朝臣的清正立场。

另一方面，刘宗周对东林党人士又颇为同情。他虽然不是东林党的成员，可是他与东林党人士有着密切的交往。在刘宗周看来，东林党人士虽然党见较深，有不足之处，但他们的"清议"大体上代表了当时社会的公义，反映了老百姓的愿望和要求，而且在一定程度上抑制了一些官僚的专权乱政。因此，当其他诸党群起攻讦东林党之际，刘宗周力挺东林党，为东林党人士辩护，以至于给他本人也带来了不少的麻烦，当时的山西道御史孙光裕就猛烈攻击刘宗周（孙光裕也是浙江人），诬陷刘宗周"颠倒黑白"，刘宗周不得已，也揭书以辩，他始终坚持自己的立场和观点。明代官员之间喜欢打口水战，且互不相让，这其中既有道义与非道义之争，也夹杂着一些意气之争。

万历四十二年，刘宗周向吏部请假回乡，获得批准。他这次离开朝廷的真正原因是"群小在位，党祸将兴"，他既不想和奸臣以及逐利小人同朝为官，也不愿过多地卷入党争之中。可是，就在刘宗周准备离开京城之际，时任江西巡按的韩浚上疏弹劾刘宗周，他将刘宗周比作"少正卯"，认为刘宗周"足以乱天下而有余"，他甚至希望朝廷杀掉刘宗周。少正卯是什么人？他与孔子为同时代的人，与孔子一样，少正卯也开办过私学，招收了不少门徒。可是，孔子任鲁国大司寇七日后就把少正卯杀死在两观的东观之下，曝尸三日。孔门弟子都不明白为何要杀他，子贡忍不住向孔子提出自己的疑问。孔子回答说，少正卯有五种恶劣品性，即"心达而险"（知识渊博而用心险恶）、"行辟而坚"（行为邪僻而不知悔改）、"言伪而变"（强词夺理且善于狡辩）、"记丑而博"（刻意关注社会的阴暗面）、"顺非而泽"（不纠正错误言行且加以修饰维护）。孔子认为，人的品性只要有这"五恶"中的一种，就不能不施加"君子之诛"，而少正卯是身兼"五恶"的"小人之桀雄"，有着惑众造反的能力，不可不杀。当然，"孔子诛少正卯"的说法是否属实，历史上颇有争议，赞同者有之，质疑者也不乏其人。

韩浚如此恶毒攻击刘宗周，纯粹是报私仇、泄私愤而已。本书前面提到刘宗周拒见韩浚之事。韩浚一直记恨在心，现在终于逮住一个报复的机会了。但刘宗周既已请假告归，朝廷并未深究。

万历四十二年三月，刘宗周离开京城，五月抵达家乡。可是，韩浚仍然没有放过刘宗周。万历四十五年，刘宗周仍在家乡读书讲学，这一年，朝廷考察京官，刘宗周虽未任职，但仍须接受朝廷的考察。韩浚（当时已改任河南道御史）乘机欲以朝廷考功法处置刘宗周。考功法类似于张居正任内阁首辅时实行的考成法，它们都是对官吏政绩进行考核的制度，旨在整顿吏治、淘汰朝廷中的冗官冗员，提高行政效率。考成法、考功法的初衷都是好的，但后来一些人却利用这种制度来打击政敌、排斥异己。韩浚的所作所为即可被视为此类。幸亏时任考功司考功郎的赵士谔出面为刘宗周辩护，韩浚的计谋才未能得逞（赵士谔是一位不计前嫌的君子之人，他此前曾屡次主动结交刘宗周，但刘宗周并不领情。在刘宗周有难之时，赵士谔仍极力相救）。

三、以躐升为耻

从万历四十二年（1614）至天启元年（1621）的七年时间里，刘宗周一直赋闲在家，读书讲学。从他一生的历程来看，他作为学者的时间远远超过其作为官员的时间，像他这样耿介、孤傲之人，似乎更适合做一个学者。然而，刘宗周作为一个正统的儒家知识分子，忠君报国的思想也一直未曾泯灭。他大体上是"有道则仕，无道则隐"，这种人生态度源自孔子。孔子在《论语·卫灵公》中说："直哉史鱼！邦有道，如矢；邦无道，如矢。君子哉蘧伯玉！邦有道，则仕；邦无道，则可卷而怀之。"孔子认为，史鱼是一个刚直的人，国家政治清明时他像箭一样直，国家政治黑暗时他还是像箭一样直。蘧伯玉是一个君子，国家政治清明时他做官，国家政治黑暗时他便隐退藏身了。孔子对史鱼、蘧伯玉都作了肯定，但相较而言，孔子更赞赏蘧伯玉的做法。刘宗周是一个具有较强入世精神的儒者，而不是道家隐逸之士，所以，当朝廷政治不是过于糟糕，且有人举荐他时，他也会入朝做官，以便为国家和百姓效劳；当朝廷政治为奸佞之人所把持，他会与奸佞之人进行斗争，但斗争无法取得实效、不得行其志时，他绝不会贪恋官位，而是毅然辞官回乡。居家讲学期间，刘宗周除了读书讲学之外，也与东林学者一样，高度关注时政与民生问题。

天启元年，朝廷重新起用刘宗周，任命其为礼部仪制司添注主事（正六品）。此时，东林党得势，朝廷权力部门多为正人君子掌控，比如叶向高仍担任内阁首辅，而赵南星、邹元标、冯从吾、高攀龙等人也相继被征用。这些人虽然也卷入党争之中，有偏执的一面，但相较而言，他们尚有一些政治良知，能够为国家社稷的长治久安着想，能够为民请命，在朝野内外素有清名。刘宗周对新朝廷充满了期待，当惠世扬、方震孺、张慎言、邹元标等人举荐刘宗周并获朝廷批准时，刘宗周便毫不犹豫地接受了新的官职。是年十月，刘宗周正式到京赴任。一般来说，官员来到一个新的工作岗位，可能会做以下方面的事情：钻研一下新的工作业务，熟悉一下新的工作环境，与部门领导以及在该部门工作时间较长的同事沟通一下，等等。但刘宗周不是寻常意义上的官员，上任不过九天的时间，其忧国忧民之心便展露无遗，且有异常惊人之举：上书弹劾宦官魏进忠（魏忠贤）以及明熹宗的乳母客氏，并对明熹宗的荒嬉之习进行劝诫。当时朝廷官员多上疏驱逐客氏，而弹劾魏忠贤，则自刘宗周始。当时，魏进忠的劣迹尚未完全暴露出来，但已有窃权、乱政的迹象，刘宗周上疏的目的，就是希望皇上不要被魏进忠以及客氏所误，否则明王朝又会重蹈宦官王振、刘瑾之祸。刘宗周言辞恳切，无奈明熹宗昏庸至极，他对政事毫无兴趣，却喜欢干刀锯、斧凿、油漆等木匠活儿，魏进忠乘机揽权，胡作非为。刘宗周这次上疏弹劾，不但未能达到目的，自身反而受到惩罚，原本降旨廷杖六十，后来在叶向高的援救之下，才免于遭受这种既残害身体又侮辱人格的酷刑，但仍被罚俸半年。圣旨说："刘宗周出位妄言，好生可恶！本当重治，姑从轻罚俸半年。"后来的事实证明，魏进忠果然如刘宗周所预料的那样大兴党祸，贻害无穷。

魏忠贤原姓魏，进宫后改名李进忠，后又恢复原姓，皇帝赐名忠贤。他是明朝末期一个臭名昭著的大宦官。魏忠贤出身于市井无赖，后为赌债所逼，遂自阉入宫做太监，在宫中结交太监王安，得其佑庇，后又结识明神宗皇长孙朱由校的乳母客氏，与之"对食"（明朝宦官与宫中女性，主要是宫女，也包括像客氏这样的妇女，暗中或公开结为名义上的夫妻）。魏忠贤对朱由校则极尽谄媚事，引诱其宴游，甚得其欢心。泰昌元年（1620），朱由校即位，是为熹宗，年号天启。自此以后，魏忠贤开始平步青云，拉开了中国历史上最昏暗的宦官专权的序幕，一时厂、卫之毒流满天下，一大批不满魏忠贤的官员士子惨死狱中；一大批无耻之徒都先后阿附于他，为他修建生祠，耗费民财数千万。他自称九千岁，排除异己，专断国政，以至于人们"只知有忠贤，而不知有皇上"。天启四年，杨涟弹劾魏忠贤，但昏庸的天启帝却一味包庇魏氏，这使得魏氏愈加嚣张，他开始大规模迫害镇压东林党人士。天启五年，魏忠贤借熊廷弼事件，诬陷东林党的杨涟、左光斗、魏大中、袁化中、周朝瑞、顾大章有贪赃之罪，大肆搜捕东林党人。天启六年，以魏忠贤为主的阉党又大兴党狱，将高攀龙、周宗建、黄尊素、李应升、周起元、周顺昌、缪昌期等人迫害致死（高攀龙投水而亡，其余八人死于狱中），东林书院被全部拆毁，讲学亦告中止。而负责防守边疆的孙承宗、袁可立等正直大臣也相继遭罢官。明思宗崇祯帝继位之后，下决心打击、惩治阉党，治魏忠贤十大罪，下令逮捕法办，魏忠贤闻讯后自缢而亡，其余党亦被彻底肃清。

　　如果明熹宗朱由校能够听进一点刘宗周及朝中其他正直官员的劝谏，早日处理魏忠贤窃权的问题，那么，阉党之祸也不至于如此惨烈。刘宗周等朝廷清流内心也清楚，他们的上疏、谏言几乎起不到什么实际的作用，可是他们仍然"知其不可而为之"，时刻心系国家、社稷安危，关注朝政和民生问题，不遗余力地指斥时弊，力挽狂澜于将倒。

刘宗周不但斥责阉党小人，而且批评其他失职的大臣或军事将领。天启二年，辽东地区失守。刘宗周呈疏弹劾失职诸将，矛头指向熊廷弼、王化贞等人。

熊廷弼是明末将领，湖广江夏（今湖北武昌）人。万历四十七年，他接替杨镐（在萨尔浒大战中，杨镐因指挥不力，使明军遭受惨败而被逮入狱）担任辽东经略。熊廷弼上任之后，整肃军纪，督造军器，修缮城堡，调兵遣将扼守各要冲地点，这些措施使明军防备力量大为增强。同时，他还联合朝鲜牵制后金，这一招也收到了立竿见影的效果，使后金军队一年多内不敢轻进。明熹宗即位之后，熊廷弼因遭诬劾而被去职，朝廷委派袁应泰去经略辽东。可是，在天启元年不到一年的时间里，辽东重镇沈阳、辽东首府辽阳相继失陷，袁应泰畏罪自杀，辽河以东全部沦为后金所有。在这种情况之下，朝廷只好再次起用熊廷弼，让他第二次担任辽东经略。如同后来的袁崇焕一样，熊廷弼也被看作是后金的一个"克星"（袁、熊虽然是后金的"克星"，但两人均被大明王朝处死，令人唏嘘、感叹）。

朝廷并未让熊廷弼独当一面，而是同时擢升王化贞为辽东巡抚。熊、王两人意见不合，熊氏主张以守为主，王氏则主张主动出击，甚至放出狂言：三个月内荡平后金。朝廷经过商议，决定支持王化贞的作战方案。王化贞拥重兵守广宁（今辽宁北镇），而熊廷弼则徒有经略虚名，仅有数千军士，他无法节制王化贞。王化贞试图以降敌明将李永芳作为内应，发动进攻。这个计划还没来得及实施，天启二年正月，努尔哈赤亲自率领五万人马，分三路向河西进攻。后金军队渡过辽河，攻占西平堡。王化贞调出广宁、闾阳的守兵去攻打后金军队，可惜遭到惨败，派出的明军全军覆没。紧接着，后金方面派进入广宁的间谍孙得功发动兵变，打开城门迎接后金军队。王化贞狼狈逃出广宁，在右屯见到熊廷弼。王化贞在熊廷弼面前痛哭流涕，熊廷弼嘲笑说："你那个六万军队三个月荡平后金的计划，进行得怎么样了？"王化贞无语。吃了败仗的他在熊廷弼面前顿时矮了大半截。他央求熊氏设法阻击后金军队，熊氏认为事已不可为，遂撤回山海关。广宁失守，熊廷弼未能尽到守土之责，只是消极退守山海关，王化贞也只好退入关内。于是，山海关以外的整个辽东完全被努尔哈赤占领，消息传至北京，朝廷内外都很震惊。

天启二年二月，朝廷将熊廷弼、王化贞逮捕听候审理。魏忠贤指使阉党人物袒护王化贞，而将责任归咎于熊廷弼。刘宗周就此事发表了自己的见解。他说："两人事任同，溃逃同，而刑事异，何以服天下？"也就是说，熊、王两人都担负同样重要的职责，也都犯有同样重大的过失，而对两人的处罚方式竟然不一样，这不能服众，因此，须对两人都加以严惩。当时刑部官员大多赞成刘宗周的主张，欲加以采纳。可是，在阉党人物的干预下，熊、王两人的命运仍有天壤之别。王化贞虽然是东林党的成员之一，但后来却背叛东林党投奔阉党，所以受到了阉党的暗中保护。结果，天启五年，熊廷弼被杀，并传首"九边"（明王朝在北部边塞设立的九个军事要镇），以警示驻守边疆的将士。到崇祯年间，熊廷弼始被平反。而善于投机钻营的王化贞则免于一死，在监狱里侥幸地等待复出的机会，但崇祯五年（1632），明思宗仍下令将其斩首。应该说，熊廷弼、王化贞都是明王朝后期重要的军事将领，不乏才干与胆识，曾经为国立过功。刘宗周以及朝中其他一些臣僚能够认识到这一点，但他们又认为乱世须用重典，而不可姑息迁就。

刘宗周对熊、王事件感到十分痛心、惋惜，尤其对于熊廷弼，其内心乃是一种矛盾的心情：若建议杀之，则朝廷就失去了一员大将；若建议赦免，则难以正国法。熊廷弼的确是一个较有争议的人物，当代学者阎崇年先生对熊廷弼的评价较为客观、全面。阎先生说，熊廷弼第一次巡佐辽东有功，第二次有方，第三次则有功、有过。就第三次而言，熊廷弼防守辽东的计划不够周全，即使没有王化贞扯后腿，广宁之失也是必然的结果。当时广宁虽然失守，但后金军尚未到达广宁，仅有叛将孙得功哗变。以熊廷弼在军中的威信，又有一支可靠的兵马，应可镇压乱兵。再者，即使广宁确实已不可守，但如王化贞所言，尚可守卫宁远、前屯，加之后金兵力有限，无力深入，整个辽东也未必沦陷。但是，熊廷弼只是一味看王化贞的笑话，将物资一律烧毁，引导数十万军民退守山海关，却没有进行最后的广宁保卫战，于是后金兵不费一兵一卒占领辽东，此失误遂成为后来阉党捕杀熊廷弼的一大口实。

刘宗周进而谴责内阁首辅叶向高，认为他主持内阁工作不得力，使得"国法大堕"。应当说，叶向高是有恩于刘宗周的；比如，刘宗周于天启元年重新出山，无疑有叶向高的支持；再如，刘宗周因上疏而得罪魏忠贤，叶向高出面营救过刘宗周；等等。可是，刘宗周行事一向不考虑个人的恩怨与仕途得失，而只将是否有利于朝廷以及天下苍生作为评价人或事物的标准。我们可以想象，如果让刘宗周做判案、断狱之官，那么他必然也是包拯之类的铁面无私之人。

刘宗周自任礼部仪制司添注主事以来，多次向皇帝上疏或向相关大臣建言，除上文所提及的事外，他还上了《参正孔庙祀典以尊万古师道疏》《修学中兴第一要义疏》，等等。《年谱》谓其"数上疏明国是，直声震中外。凡遇大刑政，益矢口争可否"。也就是说，刘宗周对于朝政及民生中的大是大非问题，常常会上疏陈述自己的观点，表明自己的立场，他所发表的议论，完全是出于公心，而不是为了个人的升迁，更不是为了沽名钓誉。"木匠皇帝"明熹宗整天忙于声色享受以及他心目中"伟大的"木匠事业，他对于刘宗周以及其他朝廷清流的上疏当然是无所谓的，可是，刘宗周在朝廷官员中还是产生了较大的影响力。陈永革先生说，刘宗周一旦在朝做官，就积极向朝廷建言，从行人司行人以至都察院左都御史，前后上奏章共计近百次，其通籍四十五年，在仕六年半，立朝时间实际上仅为四年。据此，刘宗周平均每年起草的奏疏接近三十篇。如此恪尽职守，不只是在晚明时期不多见，即便纵观历朝历代也为数不多。

在东林党人士掌权期间，朝廷对像刘宗周这样的"劳动模范"也没有太亏待。刘宗周在连续任职不长的时期内，获得数次升迁：天启二年（1622）六月，朝廷升其为光禄寺添注寺丞，执掌朝廷祭享、宴劳、酒醴等事；天启三年五月，刘宗周尚在进京复命的路途中，又接朝廷邸报，擢升其为尚宝司少卿，执掌宝玺、符牌、印章奏请发用之事；同年九月，朝廷又决定提升其为太仆寺添注少卿，执掌牧养战马等事务。

在这么短的时间内，刘宗周接二连三地升迁，按照世俗的说法，他可谓官运亨通。

刘宗周对自己的连续升迁感到庆幸吗？不，他一点都高兴不起来。相反，他还感到十分惶恐不安。在得知自己将被升为尚宝司少卿之职时，刘宗周就拟推辞，但有人劝阻他，谓"小臣无辞官礼"，他才打消了辞官的念头；当刘宗周又被升为太仆寺添注少卿时，他便下决心拜疏固辞，决定不再赴任。明熹宗开始没有批准他的辞呈，刘宗周不甘心，又以养病为由再次上疏。时任吏部尚书的赵南星提出让刘宗周以新衔回原籍调养身体，病愈之后再起用，明熹宗方准允。纵观古代历史，因得罪君主、权贵而被贬官、革职者不乏其人，刘宗周也有数次这样的经历，可是他这一次在仕途上恰好是春风得意之时，升迁令刚到，他却坚决推辞，还要辞职还乡，天底下有几人会这样做？刘宗周就是一位"另类官员"，他有理想、有担当，但却不贪权，仕途上的"进步"与否对他而言是无足轻重的。刘宗周当时的考虑也许在于：第一，他自我感觉功劳不够大，如此躐（liè）升（越级升任），不符合道义，无功而升迁，也会败坏朝廷风气；第二，刘宗周的身体一直不太好，而他干起工作来又是一个拼命三郎，这样一来，就颇有身心疲惫之感，他希望回家调养；第三，刘宗周似乎预感到阉党之祸将会愈演愈烈，他无力阻遏这种行将泛滥的灾难，因此，早日离开朝廷这种是非之地也许是一种明智之举。刘宗周的预感很快被证实。在接下来的几年里，以魏忠贤为代表的阉党人物兴风作浪，大肆诬陷忠良，干尽了惨绝人寰之事，刘宗周有幸躲过了这场劫难。

刘宗周想远离政治中心，过读书、讲学的清净日子。可是，朝廷中的正直官员却十分挂念刘宗周，比如，吏部尚书赵南星非常赞赏刘宗周的道德人品，认为宗周"千秋间气，一代完人。世曰麒麟凤凰，学者泰山北斗"，这种评价是相当高的。

赵南星希望刘宗周尽快返回朝廷任职，以便增强朝廷清流的力量，进而抑制阉党人物的嚣张气焰。他甚至准备举荐刘宗周入阁，但考虑到刘宗周向来视"躐升"为奇耻大辱，若径直向皇帝建言，破格录用宗周，对其委以重任，即便皇帝准奏，恐怕刘宗周也会推辞。因此，天启四年，他上疏奏请以"通政司右通政"起用宗周，皇帝允许。为慎重起见，赵南星不是以常礼对待宗周，而是改用"吏部照会"的方式请其赴朝任职，同时他又以吏部尚书的身份给宗周写了一封亲笔信，言辞十分恳切。赵南星算是仁至义尽了，可是刘宗周仍不愿出山，他不是矫情，也不是为了明哲保身，而是不满于阉党人物的乱政行为，不满于朝廷多数官员"贸贸然奔走于声利之场"的做法。刘宗周试图用自己的实际行动，来矫正官场中的不良习气。

刘宗周虽在家乡休养、讲学，但仍有官衔，因此，他还有资格向皇帝或朝廷上奏。这次朝廷擢升刘宗周为"通政司右通政"，他马上向朝廷连上两疏：一是辞职疏（该疏同时阐述了所谓的"忠邪之界"，即区分谁是忠良之人、谁是奸佞小人），一是再次参劾魏忠贤误国之疏。两疏先被送到通政司，收到疏文的官员大惊失色：这个时候还敢弹劾魏公公？他自奉"九千岁"，且极受天启帝宠信，他可是"一人之下，万人之上"的人物啊！朝廷正人君子避之唯恐不及，你刘宗周还要主动招惹他，那不是找死吗！魏忠贤绝对是一个睚眦必报、不折不扣的小人，若弹劾他，必定大祸临头。通政司官员的原话是："此何时？进此疏乎，大祸立至矣！"他们如此提醒刘宗周，完全是出于善意。刘宗周是朝廷公认的好臣子，阉党势力范围之外的其他衙门都在极力保护他。通政司仅把刘宗周的辞职疏呈上去了，即便这样，魏忠贤也没有放过刘宗周。天启五年，明熹宗降旨，谓"刘宗周藐视朝廷，矫情厌世，好生恣放。着革职为民当差，仍追夺诰命"。刘宗周被革职为民，这对于他而言，实在不算什么事情，他后来还有两次被革职为民的经历，他都没有放在心上。在刘宗周看来，朝政黑暗时期只有谄媚小人才会官运亨通、步步高升，而忠义之士却做不到这一点，奸臣与昏君相伴而生，君昏则臣奸（正直的臣子在昏君统治下往往会被罢黜），君明则臣贤。如何让昏君有所转变，变得不那么昏聩？在中国传统专制的政治格局下，这几乎是无解的难题，忠臣的规劝甚至死谏大都无济于事，他们不能从根本上遏制皇帝的无道行为。从历史上来看，结果常常有两种：其一，昏君因过度纵欲，难以长寿，昏君死亡之后，其暴虐统治得以终止；其二，人们不满于昏君的所作所为，于是通过政变或革命的方式使昏君不得不下台。刘宗周不幸遇上像天启帝这样不理朝政、听任阉宦之人及乳母胡作非为的昏君，"革职为民"对他来说未尝不是一件好事。

天启五年、六年是阉党人物最为猖狂的两年。魏忠贤派出大批锦衣卫逮捕反对他的人，当时可以说"缇骑四出，削籍遍天下"，弄得朝野上下人心惶惶，鸡犬不宁，不少东林党成员以及其他品行端正的官员纷纷遭到诬陷、迫害，有的被"削籍"（削去官籍，也即革职），有的被捕入狱，惨遭酷刑，甚至冤死狱中。刘宗周此时已被革职为民，的确不是阉党抓捕的重点对象，但也并非平安无事。天启六年三月，惠世扬被逮捕，其供词中牵连到刘宗周，后来，御史王业浩出面极力营救，刘宗周方躲过这次牢狱之灾。稍后，缇骑到浙江逮捕黄尊素，当时人们误传：缇骑欲逮捕刘宗周。其家人十分惶恐，而刘宗周却镇定自若，反复劝慰家人。黄尊素被逮捕后，刘宗周不顾及个人安危，坚持送尊素一程。同年八月，又传闻缇骑欲逮捕刘宗周，但后米总算是有惊无险了。

第 4 章

政坛清流人物（下）

嬉戏游乐无度的天启帝明熹宗任由魏忠贤、客氏及他们的党羽把整个国家折腾得不成样子，皇帝陛下则把自己的身体折腾得一塌糊涂，天启七年（1627），二十多岁的明熹宗就驾崩了，连个子女都没有留下来（子女纷纷夭折，据说也与魏忠贤、客氏的迫害有关）。因为没有子嗣，所以由其五弟信王朱由检嗣位，次年改年号为"崇祯"。崇祯帝即位后，大赦天下，解除党禁。同时，他抓准时机剪除了魏忠贤的羽翼，使其处于孤立无援的境地，然后一纸诏书，贬谪魏忠贤到凤阳守皇陵，不久下令将其逮治，赐其自缢。魏忠贤死后，又被磔尸于河间，客氏则被活活笞死。此后，阉党二百六十余人或被处死，或被遣戍，或被禁锢终身，气焰嚣张的阉党受到了致命打击。

闻知魏忠贤、客氏以及其他阉党人物垮台，刘宗周与当时的很多士人一样悲喜交集。悲的是，在魏阉掌权期间，大批忠良之士惨死；喜的是，邪不压正，像魏忠贤这样的"人渣"终于被清算了，可以告慰死难诸君子的在天之灵。刘宗周渡过钱塘江，祭拜在与阉党抗争过程中不幸遇害的友人，或登堂哭奠，或拜哭于墓门，或遣使吊之。

一、"刘顺天"

崇祯元年（1628）十一月，刘宗周被擢举为顺天府尹。顺天府尹是京城地区负责治安与政务的最高行政长官，相当于现在的北京市市长，为正三品。因为顺天府地处京师，所以其府尹被纳入朝官之列，可以直接上殿面君。刘宗周已赋闲在家数年，他愿意重新出山吗？接到朝廷邸报及吏部咨文后，刘宗周的确不愿意，于是上疏请辞，但崇祯帝没有允准。他准备再上疏请辞，但为友人劝阻。刘宗周遂北上赴京任职。毕竟，崇祯初年，明王朝或多或少出现了一些中兴的迹象。崇祯帝面对危机四伏的政局，殷切寻求摆脱困境的计策：每逢经筵，必恭听大儒阐释经典，毫无倦意；召对廷臣，探求治国方略；勤于政务，事必躬亲。同时，他平反了阉党制造的一系列冤案，并起用天启年间被罢黜的官员；全面考核官员，禁止结交朋党，力戒廷臣父结宦官；整饬边政，以袁崇焕为兵部尚书，赐尚方宝剑，托付其收复全辽重任；等等。可以说，与前两朝相较，崇祯初年的朝政有了明显改观。在这种情况下，刘宗周决定再度入仕，为朝廷效劳。

刘宗周于崇祯二年九月抵达京城。他上任之后，方知顺天府尹品级虽不低，但却是一个行政虚职，实权主要由抚按掌控，分权则隶属于五城御史。如果某位官员没有太强的事业心，不想拼命干活而又能获得较为丰厚的薪水，顺天府尹绝对是一个优游养尊的好位置。刘宗周偏偏不是尸位素餐之人，更不是贪图安逸之人，他要做事。上任后不久，刘宗周就上了一道奏疏，恳请加大顺天府尹这一职位的事权，但未得报。不过，刘宗周为民做事、保一方平安的热情不减，他在职责允许的范围之内，为京城士、民做了许多好事，士、民亲切地称他为"刘顺天"。《年谱》说，刘宗周在顺天府尹任职期间，"首谒文庙，大会师儒，示以圣贤学问之要，令饬躬砥节，勉为士君子之行。延三老啬夫（'啬夫'即俭省节用之人），咨地方利弊而兴除之"。他在虚职的位置上也忙得不亦乐乎，虚职对他而言是不虚的。特别值得一提的是，刘宗周不畏权贵，敢于向皇亲国戚叫板。

事情是这样的：有一天，外戚武清伯的仆人与几个府学生员发生争执，仆人仗势欺人，殴打生员，几乎致死。刘宗周闻讯后，非常愤怒。他怒斥道："国家养士三百年，若辈敢尔？"然后立即差遣衙役前往武清伯家中缉捕打人嫌犯。武清伯是一个老滑头，他把惹事的仆人藏匿起来，然后装模作样地去向刘宗周谢过，请求刘宗周高抬贵手，放自家仆人一马。刘宗周哪里会吃这一套，皇帝有过失，他都毫不留情，直陈皇帝之过，何况是外戚呢？刘宗周后来干脆拒见武清伯，并放出话来：仆人侮辱、殴打士人，主子包庇，罪在主子，如果不交出凶手，将直接禀告皇帝。武清伯毕竟理亏，他害怕了，但又想要诡计，他为了保护自己的亲信仆从，就让另外一个奴仆顶罪，去官府接受处罚。当这个"替罪羊"正准备俯首受杖之时，刘宗周感觉到其中有诈，就问这个奴仆有关此事的一些细节问题，奴仆答不上来，宗周大怒，将其呵斥退下，并重新差遣二人前往捉拿真正的嫌犯，差役这次不辱使命，抓住嫌犯，当即套上枷锁。刘宗周为生员伸张了正义，被打生员以及他们的同窗对宗周万分感激，但他们后来也不想把事情闹得过大，所以第二天又主动为嫌犯求情，请求刘宗周赦免嫌犯，刘宗周反复思量，未对嫌犯加以深究。不过，刘宗周敢于与权贵、皇亲国戚斗争的声名却在顺天府流传开来，从而产生了一种无形的震慑力量。此后的数年，权贵们大都不敢逞强、欺压百姓，社会风气也有所好转。

闲不住、爱做事的刘宗周任顺天府尹的时间不长，就碰上了一件天大的事情：后金军队大举入关，京城地区告急！刘宗周虽然不是在前线领兵打仗的军事将领，但却是顺天府的行政长官，维护该地区的局势稳定是其义不容辞的责任。

后金是女真人建立的政权组织。明代初年以来定居于东北的女真人分为海西、建州和"野人"三部。明政府在东北设置都司卫所，直接统辖女真三部和黑龙江流域的各少数民族。从16世纪后期至17世纪初，女真建州部的社会生产力显著发展，与这一生产力相应的社会组织则是努尔哈赤建立的八旗制度。后来，努尔哈赤采取又拉又打的办法，陆续把女真建州五部、长白三部、扈伦四部、东海诸部控制在自己的势力之下。万历四十四年（1616），他正式与明朝断绝关系，在赫图阿拉称汗，建立女真族政权，国号为金，史称后金（1636年，努尔哈赤之子皇太极将国号改为清）。万历四十六年，后金发兵大举攻击明王朝，烧毁抚顺城，次年，又在萨尔浒大败明军。以后数年间，由于明朝统治集团的腐朽无能，明军节节败退，除山海关外极小地区外，辽东大小七十余城全部为后金占领。

崇祯二年十月，皇太极率领数万人马绕道蒙古，准备围困京城地区。当时的蓟辽督师袁崇焕对后金此举早已有所预料，因为宁锦防线坚固，皇太极无法攻破，他必然会经过蒙古，突破长城，来威胁京城地区。袁崇焕上疏崇祯帝，请求加强这一带的防务，但未引起朝廷决策层的足够重视。这样一来，后金军队在进攻长城关隘如龙井关、大安口等地方的时候势如破竹，几乎没有遇到任何强有力的抵抗，就顺利突破了明王朝的长城防线，兵临遵化城下。遵化在京城东北方向，距离京城仅三百里左右。京城不得不宣布戒严。尽管袁崇焕采取了一系列措施阻截后金军队南下，但由于丧失了有利战机，至十一月初，后金军队接连攻陷遵化、三屯营，巡抚王元雅、总兵朱彦国自尽。遵化失陷，驰报明廷，人心大震，朝野惊恐。皇太极命令留兵八百守遵化，然后亲自统率后金军继续南下，向京城进发，逼近蓟州。袁崇焕又组织了三次阻截行动，但都没有成功，这样战线就推到了京城。为了解除京城之困，袁崇焕在未经崇祯帝允许的情况下，就擅自率领九千关宁铁骑，日夜兼驰，很快抵达京城外城广渠门外（明朝官员中盛传袁崇焕有引导后金兵进京之嫌，袁氏后来为崇祯帝冤杀原因与此有关）。与此同时，明大同总兵满桂、宣府总兵侯世禄也率兵抵达京城德胜门外扎营，而后金军队也以迅雷不及掩耳之势兵临京城。大明王朝的京城保卫战打响了！

明朝承平日久，守城将士及市民较少亲历战事，因此，在后金军队大兵压境的情况下，京城一带很快陷入空前的混乱状态之中。刘宗周虽然是顺天府的行政长官，但毕竟是一介儒生，此前也没有任何独当一面的经验，他能够化解这次重大危机吗？刘宗周不是那种仅仅会空谈心性的儒生，他表现得相当镇静，定力十足，可以说是临危不惧、有章有法。

其一，积极筹集粮饷，犒劳地方守军及随军家属。只有充分保障守军的后勤供给，军心才能不动摇。在刘宗周等臣僚的极力建议下，崇祯帝同意下拨内帑（皇室内府的库金。

帑，tǎng），并拨发太仓储米数千石补给军粮。当时已是京城的冬天，天气寒冷，守城士兵在冰天雪地中站岗值勤，加上棉衣、食物匮乏，时常有士兵因饥寒而丧命，有一天死亡人数竟然高达三百余人。刘宗周获悉这个情况之后非常震惊，他马上号召衙门官吏及市民给守城士兵送酒、辣椒及衣物，以作士兵御寒之用。

其二，大力组织地方政府及社会力量安置难民，着力解决难民的吃住等民生问题。后金军队在京城城郊大肆劫掠，焚烧民舍，城外民舍被敌骑蹂躏殆尽。特别是遵化失陷之后，难民骤增，每天有数以千计的难民拥入京城。如何处理难民问题？有的官员认为，如果奸细混杂于难民中，将会给京城带来很大的凶险，所以应该将难民安置于郊外，不许他们进城。刘宗周坚决反对，他指出，越是在国难当头的时候，越是要注重维系民心，民心一旦丧失，大明王朝将一打就垮，甚至不打即垮。于是，刘宗周派遣顺天府的部分衙役驻守城外，对进城难民逐一进行登记。如果审查合格，就给难民配发符牌，以作为他们进城的凭证。如果难民在城中有亲戚，则要求他们住宿于亲戚家中。如果难民确属无依无靠者，则将他们安置于佛寺中暂住。另外，城中原有住民的吃饭、取暖问题本来就非常困难，现在，随着拥入京城难民人数的不断增加，这些问题更是雪上加霜，难以为继，京城米、煤等生活必需品缺口甚大，物价飞涨。经朝廷许可，刘宗周下令暂时撤销京城的米、煤之税，以便平抑过高的物价，同时开设粥厂数十处，供养难民。他还亲自出面，倡议地方乡绅捐献钱粮，以供粥厂之用。

其三，果断推行保甲法，以维持京城地区的社会秩序。保甲法并非刘宗周首创。宋代的王安石倡导变法，其中的一项内容就是颁行保甲法，其大要是：各地农村住户，不论主户或客户，每十家（后改为五家）组成一保，五保为一大保，十大保为一都保，凡家有两丁以上的，出一人为保丁，农闲时集合保丁，进行军训，夜间轮差巡查，维持治安。明代中叶的王阳明行守赣南时，也曾实行过类似保甲法的"十家牌法"：编十家为一牌，开列各户籍贯、姓名、年龄、行业，日轮一家，沿门按牌审察动静，若遇有面目生疏、形迹可疑之人，马上报告官府查究明白，如有隐匿不报，十家连坐。刘宗周的保甲法则规定：每十户为一甲，设甲长一名，十甲为一保，设保长一名，每十保为一乡，设乡长一名，聚乡为坊，设坊官，五坊为城，设城司，五城为畿，设守臣、院臣。刘宗周实施保甲法，目的是为了防范奸邪，以确保京城地区良好的治安状况。

其四，设法疏导社会情绪、安定人心，以避免出现大规模的社会骚乱。他认为，"城守急著莫过于安民心"，民心一乱，社会出现大规模的恐慌、骚乱，京城地区的局面将会变得不可收拾。而要安定民心，就需要安定士人、军事将领以及朝廷官员之心。如果这些社会精英在国难时期都只想自保，各打自己的小算盘，而不顾国家社稷的安危，必然会使得整个社会人心惶惶，如此，则国危矣；反之，如果军民一心，上下同仇敌忾，则入侵者必败，京城必守。刘宗周在所上奏疏中又特别提到，皇帝也应安心。可惜，历史上的不少皇帝在国家太平时期，他们挥霍无度，享受了人间的荣华富贵；而国家一旦有难，他们所想的不是如何保卫社稷，而是先想到如何保住自己的"龙命"。崇祯帝本来被人们视为中兴之主，可是，面对京城危局，他竟然不知所措，寝食难安，多日不上朝。而且，崇祯帝竟然策划南逃，他下令置办八百布袋，大小臣工各进马一匹，明眼人一看就知道，皇帝这是在为逃跑作准备（后来才放弃南逃的打算）。刘宗周十分忧虑，他劝皇帝安心，目的就是希望皇帝留在京城，以便稳定人心。刘宗周还到午门跪请崇祯帝上朝，及时召见群臣，共议克敌大计，但崇祯帝对宗周此举不予理睬。如此忠心耿耿的臣子与如此贪生怕死的皇帝，恰好形成鲜明对比。为了激励军民保家卫国的士气，刘宗周决定召集顺天府的官员及社会各界人士到城隍庙，设于谦牌位，一同祭奠。正统十四年（1449）时，京城也曾遭到蒙古瓦剌军的围攻，京城一度告急。于谦受命于危难之际，他领导军民打败了瓦剌军大规模的武装进攻，保住了京城，使明朝在军事上转危为安。刘宗周这个时候率众祭拜于谦，具有特别的意义。通过这种方式，刘宗周试图激发人们的斗志，共同保卫京城。

其五，妥善处理京城保卫战的善后工作。在明朝军民的协同努力下，后金军队暂时退却，京城保卫战结束，明廷得以稍事喘息，但为此付出了阵亡将近四万将士的惨重代价，京城外的几处战场尸横遍野，惨不忍睹。京城保卫战虽然告一段落，但善后工作却异常艰巨。顺天府的僚属很快赶赴战场，组织人员掩埋阵亡将士。刘宗周也亲临一线，督查协调，十分忙碌。他基本上是"旦出暮返，午则袖糗饵以代粮"。这里所谓的"糗饵"是指将米麦炒熟、捣粉制成的食品。刘宗周这段时期内朝出晚归，中午就带一点干粮来充饥。阵亡的将领尚能入殓棺材，普通士兵则只能以芦席裹之了，人在生前无法平等，死后的待遇也有差别。刘宗周是一个好官，但他也有较强的等级观念。当然，不论是阵亡的将领还是士兵，刘宗周都要求"深坎厚筑"，严禁"偷工减料"，严禁挖一个浅坑即掩埋尸体，否则既是对阵亡将士的不尊重，也是对仍然生活在这一带百姓的不负责。埋葬阵亡将士完毕，刘宗周还下令在坟墓旁种植榆树、柳树等，并"陈牲以祭之"，即摆上祭品，祭悼阵亡将士。经过如此周密、细致的工作安排，刘宗周才觉得心安一些：阵亡将士为国捐躯，活着的人只有妥善安置他们的身后事，才对得起他们的亡灵。

京城已解危，朝廷一些官员好了伤疤即忘痛，"宴然不知后患"，刘宗周对这种状况深表忧虑，他接连上了几道奏疏，就整顿吏治、完善乡保制度、清汰赋役以及其他民生问题提出了一系列建设性意见。他的建言大多能够切中时弊，较有针对性，可是能被皇帝和朝廷采纳的毕竟少之又少。面对晚明的一系列社会弊端，刘宗周也感到"一筹莫展"；同时，在京城保卫战中，他过度透支了自己的身体，以至于感到身心交瘁，疲惫至极，于是决定上疏请辞。

刘宗周自任顺天府尹以来，克己奉公，任劳任怨。他原本想大干一番，彻底整治地方时弊，但由于外敌入侵，他不得不转向保卫京城的急务上。刘宗周不是军事将领，但也不乏一定的军事才干。在京城保卫战中，明朝的廷议曾经推举刘宗周出任兵部右侍郎一职，尽管崇祯帝最后没有准奏，但可以看出，朝廷官员对其军事才干是比较认可的。刘宗周所做的工作主要是保民、安民，为守军提供后勤保障，在这方面他同样干得有声有色。他受到了顺天府百姓发自内心的爱戴，当其请辞获准、离开京城之际，自发为刘宗周送行的顺天府士、民多达千余人。士、民平日即呼其为"刘顺天"，现在，他们敬爱的"刘顺天"要离开顺天府了，士、民怎能不伤心？一些人禁不住哭出声来，还有一些人追随十余里，甚至将刘宗周送至潞河岸边（潞河也称白河、北运河。它曾是京城一带的生命之河），待其所乘之船看不见踪影始归。就连刚愎自用的崇祯帝也称赞刘宗周为"纯忠峻行，亮节清修"，对其品行进行了褒奖，同时册封宗周夫人章氏为"淑人"。

经过两个月的颠簸劳顿，刘宗周于崇祯三年（1630）十一月回到家中。算起来，他只做了一年左右的顺天府尹（崇祯三年八月还曾奉旨提调顺天府乡试）。刘宗周回乡之后，一方面调养身体，另一方面则是读书、论学，这数年间是其学术思想得到长足发展的黄金时期。

二、忤逆崇祯帝

崇祯八年，因朝廷亟须用人，刘宗周又被举荐入朝，与其一同被举荐的还有原礼部尚书孙慎行、原礼部左侍郎林钎，三人均为内阁成员候选人，进入内阁就意味着进入明王朝的核心权力层。刘宗周能否把握好这次机会？以这种方式向刘宗周提问也许不太恰当，他根本就不是想来升官的。人们也许会说，权力、财富和声名，天下有几人不爱？此话不假，但我们不能否认，的确就有人不爱这些东西，刘宗周就算是其中的一位。

次年正月，崇祯帝在文华殿召见了刘宗周及林钎（孙慎行抵京不久即不幸病故）。崇祯帝一上来就直接切入主题："方今人才匮乏，粮饷不敷，流寇猖獗，二臣可奏来。"林钎比较乖巧，所答皆能迎合皇帝。刘宗周则又表现出其"一根筋"的架势，他直抒己见，认为产生以上问题的渊薮均在皇帝本人那里，如果皇帝善于自我体察，纠正过失，这些问题就可以从根本上得到解决。比如就人才匮乏的问题而言，刘宗周的奏对是："天下原未尝乏才，足以供一代之用。只因皇上求治太急，用法太严，布令太烦，进退天下士太轻，遂使在事诸臣相率以畏罪饰非为事，不肯尽心职业，所以有人而无人之用，有饷而无饷之用，有将而不能治兵，有兵而不能杀贼……"刘宗周颇有儒家亚圣孟子的风范，敢于当面指责皇帝的过失，一下子就点到了崇祯帝的痛处。崇祯帝有振兴明王朝的雄心壮志，也是一个勤奋、务实的皇帝，但缺乏一代明君应有的才干和胸襟，气量褊狭尤为其致命弱点，他无法做到"用人不疑，疑人不用"，对群臣一味猜忌，其在位期间，明朝的内阁首辅如走马灯似的被不停地更换，边关将领也是如此，被频繁调任。自从袁崇焕被凌迟处死之后，边关将士不敢再展露锐气，大家都是不求有功，但求无过，刘宗周说朝廷"有将而不能治兵，有兵而不能杀贼"，实在是入木三分。崇祯帝当时虽然没有龙颜大怒，但也是相当的不悦。皇帝一不高兴，刘宗周入阁之事自然就会成为泡影。果不其然，皇帝的圣旨很快下发：林钎入阁，刘宗周另补其他空缺。这种结果一点都不意外。试想一下，刘宗周是正在接受皇帝考察的拟提拔干部，他不但没有对皇帝示好，反而对皇帝横加指责，他怎么可能通过这次的干部任职考察？此事再次验证，刘宗周不是寻常意义上的官场人物，其思维方式也与一般官场人物大相迥异。

这次刘宗周得到的新职务是工部左侍郎。工部掌管土木、水利、矿冶等工程类的事务，这显然不是刘宗周的专长，他对自己业务范围内的事情也没有太大的兴趣，而是热衷于思考朝廷如何由危转安、由乱转治，满脑子装的都是治国安邦的大问题。一如从前，刘宗周这次任工部左侍郎期间，仍旧非常勤奋地上疏，其所上奏疏同样充满了忧患意识：为吏治败坏而忧，为民生凋敝而忧，为皇帝派不懂军事的宦官去边关做监军瞎指挥而忧……他希望皇帝修德治心，垂范天下，整饬吏治，进而重振大明国威。刘宗周忠心可鉴！崇祯帝虽然多数时候不喜欢他的直言劝谏，但有时也会被他的忠诚所感动，遂降旨称赞。刘宗周受到了鼓励，便进一步劝勉崇祯帝如何效法尧舜，如何实行仁政，他甚至还把自己精心阐发的慎独学说介绍给崇祯帝，恳请崇祯帝多做慎独的内圣工夫，再由慎独工夫而实现"外王"的治道。

刘宗周除了向皇帝阐述儒家的政治理想之外，也剖析了当时糟糕的政治状况，其批评的矛头不但对准温体仁等臣僚，而且指向了皇帝本人。崇祯帝又不高兴了。后来廷臣再次推举刘宗周入阁，崇祯帝一直没有表态，他甚至有点害怕这个一贯直言、对任何人都不留情面的臣子。温体仁也千方百计从中作梗，阻挠刘宗周成为阁员，甚至还暗中指使自己的心腹参了刘宗周一本，谓其"才谞（xū）不足而道学有余"，即批评刘宗周不过是空言性理的道学家，缺少治世才干。温体仁是何许人？他是崇祯年间任职时间较长的一位内阁首辅。崇祯三年他以礼部尚书的身份兼任东阁大学士，入阁辅政，当时的内阁首辅为周延儒。温体仁对周延儒表面奉承，暗中谋夺其首辅之位。崇祯六年，周延儒被温体仁排挤出朝廷（周延儒也不是什么好官，此次倒台乃是官场权力斗争的结果，数年后他又被恢复为原职），温体仁则当上了首辅。温体仁善于讨好崇祯帝，受到宠幸，但因其办事专横，朝臣对其十分不满。后来，温体仁与亲东林党的司礼监内相曹化淳发生矛盾，为东林党人所利用，最后被东林党扳倒。

刘宗周不得行其志，加之遭人猜忌，他决定告病求归。获准之后，刘宗周即启程南下，临行前还致书温体仁，历数其罪过，希望其尽到内阁首辅的职责，多为朝廷安危和民生困顿谋划，少盘算个人的富贵利达。在南下归乡的路上，刘宗周又上疏评论朝政得失，认为皇帝及朝廷"贤奸颠倒，任用非人"，但原疏未能奏上。当听说崇祯帝重新起用太监监督边镇时，刘宗周便再度上疏，试图劝阻皇帝这种不妥当的做法。在疏文中，他还直言不讳地指出了崇祯帝其他方面的失职、失察行为，再次激怒崇祯帝，遂降旨将刘宗周"革职为民"。

刘宗周这次入朝任职时间不足一年。他的政治生涯似乎注定就是这样的命运：匆匆地来，又匆匆地离去。事实上，刘宗周每次出山，其内心都是极不情愿的，但其素负清望，朝廷每每用人之际，便有廷臣举荐刘宗周，崇祯帝尽管不喜其直言，但也承认宗周是一位耿介之臣，崇祯帝当然希望朝廷多一些品行高洁、敢于负责的好官，所以他一般不会拒绝廷臣的举荐。有时崇祯帝自己也会想起刘宗周。

崇祯十四年（1641），吏部左侍郎空缺，廷议推举了几个人，但崇祯帝都不满意，他转念一想，刘宗周不就是非常合适的人选吗？原因在于"如刘宗周清正敢言，廷臣莫能及"，这是崇祯帝的原话。于是，他马上诏令吏部擢用刘宗周。刘宗周在家赋闲五年，岁月不饶人，他已是六十四岁的老人了，身体也不太好，哪里还想卷入朝廷这种是非之地？于是他又上疏推辞，恳请皇帝收回成命，皇帝不允。没办法，君命难违，刘宗周于次年五月不得不带病北上。在赴京的路上，他听说清兵已攻陷松山、锦州，关外的明军主力几乎丧失殆尽；而关内的农民军也连续夺得很多城池，明王朝岌岌可危。在这种情况下，刘宗周的斗志反而高涨起来，他说："际此时艰，岂臣子言病日乎？一日未死，一日为君父之身。"也就是说，朝廷有难，作为臣子，只要一息尚存，便须为朝廷、为君王效劳。可是，刘宗周能够为挽救明王朝的颓势做些什么呢？明王朝大势已去，无论做什么，都无力回天，都不可能"挽狂澜于既倒，扶大厦于将倾"。但刘宗周还是尽其所能，积极为朝廷寻求摆脱内忧外患困境的良策。

刘宗周很快升任为都察院左都御史。明代的都察院设有左、右都御史，均为正二品。左、右都御史专门纠劾百司，辨明冤枉，提督各道，为天子耳目风纪之司。这个职位是很重要的。在此任上，刘宗周照样是兢兢业业，勤于政事，他一般在数日之内就会起草并呈上一道奏疏。可是，努力工作的刘宗周仍然摆脱不了被"革职为民"的宿命，因为他不仅是一位任劳任怨的劳动模范，还是一位正义感很强的勇士，在原则问题上一定会较真。刘宗周与朝臣较真，也许没有什么大碍，至多被朝臣孤立而已；可是一旦与皇帝较真，当面顶撞皇帝，后果就会很严重。刘宗周任都察院左都御史时间不长，就因"姜埰（cǎi）案""熊开元案"而再次得罪崇祯帝，崇祯帝下令将其"革职为民"。

当代学者樊树志先生在《大明王朝的最后十七年》一书中指出，姜埰、熊开元都是因为向皇帝进谏而获罪入狱。姜埰入狱之前的职务是礼科给事中，他因所奏的疏文涉及名为"二十四气"的匿名传单问题而惹怒崇祯帝。所谓"二十四气"，其实是受到他人诽谤的二十四名官员的名单，匿名诽谤者用所谓"杀气""棍气""戾气""阴气""妖气"之类的定语加到每个人的名字前面，后面还加上诸如"两头蛇""灰地蛇"之类的绰号。诽谤者煞费苦心，故意把水搅浑，既攻击了以周延儒为首的"北党"人物，也攻击了以吴甡为首的"南党"人物，挑拨他们之间互相猜疑。崇祯帝一向反对大臣结党和互相倾轧，特下诏严厉谴责言官不得助长这种风气。姜埰则认为，皇帝对言官的谴责不合理，于是慷慨激昂地上疏批评皇帝。他说，有的言官发表言论时过于急躁，没有领会皇上的心意，这当然是言官的过失，至于皇上所说，言官"代人出脱"，臣不敢说绝对没有这种事情，但大多数言官并非如此。他说，最近所谓"二十四气"的流言蜚语甚嚣尘上，这一定是掌握权力的奸臣惧怕言官的批评，故意造谣中伤，企图用夸大其词的说法，激发皇上的怒气，并且利用皇上的怒气来钳制言官之口，皇上如果不能识破他们的阴谋，那么今后言官都不敢讲话，谁来为陛下议论天下大事？崇祯帝当时已被内忧外患搞得大伤脑筋，他企盼朝臣与他分担责任，同心同德，共度时艰，不料姜埰偏偏在这个当口贸然批评皇帝。本来心情不佳的崇祯帝顿时火冒三丈，不由分说下达圣旨，谴责姜埰居然敢于责问皇帝的诏书，藐视朝廷到了难以容忍的地步，应该立即逮捕，由锦衣卫严刑拷打审讯。他明确指示锦衣卫：姜埰罪行特别严重，见到"二十四气"之类的匿名文书，应该立即销毁，为什么在奏疏里面一再传播？必须要他老实交代是何动机。

熊开元的获罪则与周延儒有关。周延儒是当时的内阁首辅，熊开元则在行人司担任副职。熊开元本来想弹劾周延儒"政以贿成，专恃其利巧，逢迎圣意，而实不能担当国事以致败"。也就是说，他认为周延儒品行不端，为人乖巧，一味迎合皇帝，以至于把国家弄得内乱不断、外患频仍。后来，周延儒的亲信礼部郎中吴昌时等人游说熊开元，请他放周延儒一马。熊开元答应了他们的请求。可是，崇祯帝闻讯后，则责令熊开元上疏，提交弹劾周延儒的书面材料。这样一来，熊开元感到左右为难。但在崇祯帝的严令之下，熊开元不得不上疏弹劾周延儒，但奏疏言辞闪烁，遮遮掩掩，词不达意。崇祯帝看了熊开元的奏疏，觉得毫无具体内容，模棱两可，大为恼怒，下令锦衣卫将其逮捕法办。崇祯帝虽然给熊开元定了诽谤大臣的罪名，但据樊树志先生的分析，这其实并不是崇祯帝的本意。崇祯帝是恼怒熊开元在弹劾首辅周延儒时顾虑重重，弹劾不力，但又不便明讲，反而让熊开元以"谗谮（zèn，诬陷、中伤之意）辅弼"而获罪。熊开元及姜埰所上奏疏的时间相当。崇祯帝对这两位言官大动肝火，甚至还密令锦衣卫官员骆养性悄悄把姜、熊二人在狱中击毙了事（但这个密令在朝廷中很快传播开来）。

刘宗周认为"姜埰案""熊开元案"是冤案，并为姜、熊二人因言论而获罪入狱感到愤愤不平，于是在朝廷中极力为他们辩护。刘宗周直言道，一天之内逮捕两名言官，"非所以昭圣德"，即这种做法有损于国体，无法昭示皇帝的"圣德"。他进而说，朝廷对待言官是有规矩的，言官所说的有道理，朝廷就采纳；如果所说的无理，则不用理会。即使言官胡言乱语，触犯刑律，也应交三法司（刑部、都察院、大理寺）来量刑、定罪，而不可轻率地因为他们发表了一些不合时宜的言论而将他们关进锦衣卫监狱，更不可将他们秘密处死。在他看来，东厂、锦衣卫所弄出的那一套东西，都属于朝廷的私刑，它们凌驾于司法机构之上。如果不按必要的司法程序来审理案件，随意抓人，刑讯逼供，那么必然就会造成很多的冤假错案。

刘宗周所说的一点不假，厂、卫本身就是明朝专制皇帝防范、控制群臣的工具。实际上，其他百官臣僚内心也都十分清楚，只是迫于皇帝的淫威，多数官员不敢把这个事情挑明，只是心照不宣而已。其他官员不敢讲的话，刘宗周却直抒胸臆，大胆地讲了出来。崇祯帝非常恼怒，呵斥道："东厂、锦衣卫都为朝廷执法，何为公？何为私？"这个时候，若换成其他官员，早已吓得面如土色了，可是刘宗周却依旧不依不饶，不给皇帝任何台阶下。崇祯帝终于大发雷霆，厉声吼道："刘宗周候旨处分。"旋即又说："熊开元背后的主使者就是刘宗周!"冒犯皇帝之"罪臣"的背后主使，这是何等大的罪名！一些大臣马上跪下来为宗周求情。最后，崇祯帝下令将刘宗周革职，未深究其"大不敬"之罪。对于姜、熊二位言官，崇祯帝竟然听从了刘宗周的建议，改交刑部定罪。这位刚愎自用的皇帝在至大至刚、气势凛然的宗周面前多少有一点心虚，他杀大臣无数，对于宗周，虽然也动过怒，但从未用过刑，还能作出一些让步，这算是一个异数了。宗周这次出来做官，又是昙花一现，他再次踏上了罢官回乡之路。

第 5 章

"慎独"与"诚意"

慎独与诚意是刘宗周思想体系中的两个核心范畴，也是其学说最具特色的部分。

一、以"慎独"标宗

"慎独"是传统儒家提倡的一种道德修养方法，也可以指经道德修养后达到的一种道德境界。"慎"与"独"作为单一概念，曾广泛见于先秦典籍之中。在儒家经典《尚书》中，"慎"字三十四见，"独"字三见，《周易》中"慎"字九见，"独"字七见，等等。一般来说，"慎"即谨慎之义，"独"可解释为单独、独处或老而无子。

《大学》《中庸》开宗明义地提出慎独思想。《大学》曰："所谓诚其意，毋自欺也。如恶恶臭，如好好色，此之谓自谦，故君子必慎其独也。"《中庸》曰："故君子戒慎乎其所不睹，恐惧乎其所不闻，莫见乎隐，莫显乎微，故君子慎其独也。"在战国至秦汉之际，慎独作为独立的范畴不仅出现于《大学》

《中庸》中，其他如《礼记·礼器》篇、荆门郭店楚墓竹简与长沙马王堆汉墓帛书之儒家文献部分也有关于慎独的文字记载。

慎独的字面意思并不难理解，即指人们在闲居、独处之时，最容易自我放纵，任情恣意，产生不符合"道"的行为，因此，每个人都需要在独处的时候自我防范、自我约束。中国历代学者都十分看重慎独范畴，进行了各自不同的阐发。东汉郑玄遍注"三礼"，唐代孔颖达编纂《五经正义》，根据疏不破注的原则，孔氏无法突破郑氏藩篱。汉唐之际，郑、孔学术地位异常显赫，因此，他们在一定程度上奠定了这一时期慎独学说的基本框架。这期间还有徐干、刘勰、李翱等也对慎独学说作了阐发。总体来讲，他们的慎独说大多尚停留在道德修养论的层面上，对"慎独"所作的字面疏解，基本上是忠于《大学》《中庸》的原意的。比如，郑玄认为，"慎独者，慎其闲居之所为"。也就是说，自控力较差的人在闲居、独处之时可能会滋生一点邪念、干一点坏事，通过慎独的修养工夫，可以避免邪念及不良行为的发生。

宋明时期的理学家对慎独学说加以阐发的就更多了，理学家们所讲的"慎独"，具有浓厚的理学色彩。比如，北宋时期的程颢将慎独与天理紧密联系起来，其学说的最高范畴就是"天理"。天理是自然界的最高原则，也是社会的最高原则，它具有精神本体的意义。在程颢看来，人要体认天理，必须要做慎独的工夫，通过克制私欲、省察涵养、"不欺于暗室"、不懈怠于细微之处等慎独之功，最终达到"仁者与万物同体"的境界。这样一来，程颢就把慎独纳入到了博大精深的理学体系之内。南宋时期的朱熹将"独"解释为"人所不知而己所独知之地"。其意是说，当一些不好的意念在内心萌动时，尽管别人无法察觉出来，但自己却是非常清楚的。这个时候，就应及时做自我克制的修养工夫，此时把握好了自己，则可防患于未然，行为上不会出现大的偏差。明代中叶，王阳明心学兴起。王阳明以"致良知"说独树一帜，良知是心之本体，不假外求。他有时将良知解释为"独知"，在他看来，"独知"之知即是人心的一点灵明，即是良知。至于慎独，王阳明则认为"格物即慎独"。格物是阳明教法的基本工夫，而他所谓的"格物"，又与朱熹阐发的格物论大不一样，阳明是就正心、正意、为善去恶的实践层面上来讲的，即须"戒慎乎不睹不闻而己所独知"之时，后者所欲表达的正是"慎独"之意。

作为晚明时期的一位大儒，刘宗周径直以慎独标宗。他对慎独学说的重视程度可以说是前所未有的，认为孔门相传"心法"就是慎独，由慎独之功出发，才有可能做到"修、齐、治、平"，由慎独而"天地位万物育"。其高足黄宗羲说："先生之学，以慎独为宗，儒者人人言慎独，唯先生始得其真。"这种评价虽然不无过誉之处，但客观地讲，刘宗周的慎独学说的确是颇具特色的。

刘宗周极力倡导慎独学说，旨在挽救当时社会的弊病。宗周所生活的明王朝已呈现出颓废的气象，朝中官吏腐败不堪，人心涣散至极，尤其在天启皇帝明熹宗执政期间，朝政大权为阉党人物所把持，朝堂之上充满着恐怖气氛，甚至可以用"天地晦冥，人心灭息"来形容。朝廷的乌烟瘴气也必然影响到当时的社会。按照宗周的讲法，当时整个社会的道德都出现了严重危机，礼教荡然，士风浮夸，纲纪崩溃。他对此忧心忡忡。当然，宗周也无法开出解救社会危机的良方，与大多数儒者一样，他也认为世道之祸酿于人心，而要对治人心之恶，则须讲明圣学，而圣学的精义在宗周看来就是慎独之说。另外，从学理上讲，刘宗周以慎独标宗，也是为了纠正王阳明心学及王学末流的弊端。

刘宗周的慎独学说，有一个逐步形成和发展的过程。宗周曾拜许孚远为师，受许师的影响，他早年在学术上趋近于程朱理学。万历四十一年（1613），宗周提出了初步的慎独主张；次年，撰写《心论》，认为天下无心外之理、无心外之学，心学倾向愈来愈明显；万历四十五年，撰写《论语学案》，进一步阐发了慎独主张；天启五年（1625），刘宗周更是旗帜鲜明地倡导了慎独学说，将"独"与"心"相连。刘汋认为此时他父亲的慎独学说正式形成。依刘宗周所言，慎独囊括了儒家心性之学的种种义理，比如天人性命说、本体工夫说、性情理欲说等都可在慎独学说中加以体现，甚至认为"慎独而天下之能事毕矣"。

刘宗周中晚年虽然倾向于心学，有以心为本的思想。但他又认为仅仅以心为本，很难避免产生种种流弊，所以他构造了一个"独体"的概念。"独体"是超越意义上的自我或主体。刘宗周将"独体"与天道、天理紧密相连，试图以此补救陆九渊、王阳明所言之心因过于直接、显露而无所本的理论缺陷。"独体"与天理、天心通而为一，因而具有道德理性和善良意志的内涵。

在刘宗周的论著中，与"独体"意义类似的说法有很多种，如他所说的"独知""微体""意体""中体"等都与"独体"名异而实同，只不过"独体"一语出现的次数最多，也最受宗周重视。他认为，人在独处、闲居之时有"独体"，在大庭广众之下也有"独体";与朋友相对而坐时能够吐露真心，不遮不掩，不欺朋友，这即是"独体"呈现之时；当然，如果人心被私欲蒙蔽，"独体"便处于潜在的状态而无法充分显现。

"独体"也是一"物"，但不是自然物体意义上的物，而是作为抽象的观念，存在于主体意识之中。刘宗周将《大学》"八条目"中的"心、意、知、物"逐步推溯，推到最后不能再推的地步，就是"独"或"独体"。"独体"无形象可索，处于隐微之地而不可睹闻，不可名状，但却能知善知恶，好善恶恶。它是形而上者，人只有对自己、对他人没有丝毫的欺骗，才能真正呈现出这一真实无妄之体。

"独体"被刘宗周置于本体的地位，为至善。但现实中的人因为气质之蔽、物欲之障而沉溺于种种欲望之中，欲望过多就可能衍化为恶。也就是说，人虽然具备了成圣的先天根据，但并不意味着已是现成的圣人，人同时还受后天环境的制约，这就需要发挥人的主观能动性，自觉挺立道德人格，克己复礼，复还天理。有鉴于此，刘宗周不但指出了"独体"的超越性，还十分注重"独体"的道德实践意义，要求人能慎独、谨独，以保持"独体"的常醒而不昧。

刘宗周的慎独学说强调了人在道德实践中的自主性，认为"慎之工夫，只在主宰上"，即呼吁人们在道德修养和实践中，作到自我反省和自我体认，在道德选择和价值取向中进行自我裁决。当然，刘宗周所讲的这种自我裁决与王门部分后学张扬个体意志的做法有所不同。刘宗周提倡慎独的目的是为了重振道德，其所谓的自我裁决建立在道德规范约束的前提之下。而王门部分后学因过于突出个体的意志，逐渐突破了古代纲常名教的藩篱。

刘宗周曾借《诗经》中的一些诗句来阐发他的慎独之说（这些诗句均为《大学》引证过）。比如，他认为由《诗经·卫风·硕人》中的"衣锦尚纲"一语可见"独体"之妙。"独体"之妙正在于从"不睹不闻"、至微至暗中发而为光风霁月，简约而不奢华。这种看法也反映了宗周注重内敛的学术品格。他较为重视涵养与省察工夫，坚决抵制王门后学过分张扬个体性而向异端发展的倾向。宗周又由《诗经·大雅·抑》中的"相在尔室，尚不愧于屋漏"以及《诗经·商颂·烈祖》中的"奏假无言，时靡有争"来阐发慎独之功。他认为，慎独之功在于循序渐进，而不可操之过急。人在独处的时候能够自我约束，自我监督，严格要求，并从一言一行、一颦一笑中做起，不断操存，日久自然会培养出一种湛然、纯一的气象，这是一种典型的"内圣"之学。

包括刘宗周在内的传统儒家宣扬的慎独学说也不乏一定的现代意义。简言之，其现代意义即在于：挺立个体的道德人格，强化个体的道德践履，以道德实践中个体的自律来维系和强化社会的道德风尚。慎独究其实是一种"反求诸己"式的自我修养方式，它把内在道德意识的自我觉悟作为主要目的，以完善人性为首要任务，主张返回到自身，确证自身的存在和价值，并从自身出发来寻求普遍意义。这种向内反求的修养方法可以说是成就理想人格的关键，而理想人格的塑造是建构现代社会的一个必要条件，因为现代化究其实是人的现代化，它不但要求人有较强的能力素质，还要有较高的精神境界，要有一定的道德理想来支撑。

慎独学说可借鉴之处正在于它强调了道德自律，也就是说，人们履行道德原则是经过自我反思后自愿自觉的结果，而非外在的强制。这种行为本身不能作为达到其他目的的手段，如不是为了得到周围人的好评，不是为了获得良心的安慰，而纯粹是对道德原则、道德规律的尊重。自律精神一旦缺乏，道德则易出现问题，甚至导致"道德滑坡"现象的产生。

随着社会主义市场经济体制的逐步建立，人们开始以独立身份进入市场，在缺少监督的情况下人们独立工作、自行决断的机会比以前大大增加。应该承认，我们大多数人是能够遵守国家法律和法规，自觉谨守道德规范的，但仍有少数人以为无人监督，便沾沾自喜，任性而作，干出损公肥私、伤天害理之事。更有甚者，一些人在众目睽睽之下也肆意妄为，"慎众"尚且不能，更谈不上古人所讲的慎独了。因此，我们需要对传统慎独学说加以批判地继承与创造性地转化，并将其融入当代人的精神生活之中。

二、"诚意"新说

刘宗周晚年的学说是以"诚意"为中心展开的。对于"诚意"之"意"，刘宗周的理解与朱熹、王阳明都不同。朱熹在《大学章句》中将"意"解释为"心之所发"，也即意念。"意"不纯粹是善，而是善恶杂糅，所以需要有"诚"的工夫，以便使不善之"意"复归于善。王阳明与朱熹一样，也将"意"视为"心之所发"，"意"指应物而起、一时而发的意向和观念。在王阳明那里，未发的是没有私意的良知，即"心之体"，已发的是与具体物象接触后而产生的意念。

刘宗周认为，若将"意"解释为"心之所发"，则学者便可能以"动念"为意，诚意工夫便转而为追逐"念起念灭"，虽一生劳顿，却将会一事无成。有鉴于此，刘宗周认为"意者，心之所存，非所发也"。"发"与"存"仅仅一字之差，含义却大为不同。"意"若为"心之所发"，则它是心的一种外在表现；"意"若为"心之所存"，则它是心的一种内在规定性，被赋予了本体论的意义。刘宗周进而又从"心之主宰"的角度来阐发"意"的内涵，认为"离意无所谓心者"。"意"较心为更高一层的范畴。当然，两者并非被截然分开，"意"即是心之"意"，而不是在"心"之外另有一个"意"存在。宗周常将"心"比喻为舟，将"意"比喻为舵；有时又把"心"看成是"盘子"，把"意"看成是"定盘针"，对"心"具有定向、主宰的作用。

"意为心之主宰"并非为刘宗周所首创。如泰州学派的王栋就强调"意"具有自主的品格和独立不倚的绝对自由的精神力量，是专一性与自主性的统一。他将"意"与"志"相结合，创造了比较完备的诚意理论，他也赋予"意"以本体的地位。而王栋与刘宗周不同的地方在于，王栋坚持了"现成良知"论。刘宗周则认为，不能泛泛地说专一与自主，否则容易出现理论漏洞，比如，人若一味关注并追逐名利财富，这虽然也算作一种"专一"，但却偏离了道德实践的方向，贻害无穷。所以，在刘宗周看来，同属心学，差异却很大，有本心之学，有师心之学，有任心之学。本心之学是"儒门圣学"，继承了孔孟的道统；师心之学，索隐行怪，故弄玄虚，不可入于尧舜之道；任心之学无定则，不讲道德原则、人伦纲常的约束，蔑视必然之道，贬抑理性，而意志活动一旦脱离理智的制约，势必蜕变成盲目的冲动，流入无忌惮。在刘宗周看来，王畿与泰州学派等就属于任心之学。

刘宗周认为，"意"是对纯粹至善的肯定，它是人心原本具有的一种所好必真正是善、所恶（wù，讨厌、憎恨）必真正是恶（è，邪恶）的确定不疑的倾向。人能好善则必然痛恨不善，人痛恨不善则必然好善，这是一个问题的两个方面。刘宗周又主张"摄知归意"，将知善知恶的良知纳入好善恶恶的"意"中。现代新儒家牟宗三先生认为，王阳明所讲的良知具有"圆而神"的特征，而刘宗周所讲的"意"则如指南针，有定向作用。刘宗周以"意"对"知"加以贞定，目的是欲堵住可能发生的情欲泛滥。

刘宗周将"意"视为至善而无恶，但他也没有否认经验层面上的"恶"。因此，他又引入了"念"的概念，认为"念"为"意"的对立范畴。人受到功名利禄、声色犬马的诱惑，便会产生"念"，所以，"念"的起源只能从感性经验层面来加以解释。刘宗周曾以气来比喻心的特性，说人心只是一气而已，以此来说明心体的周流不息和循环往复，心的运作过程与气的流转浑然为一，妙合无间。"念"与气是何种关系？在刘宗周看来，"念"是"心之余气"。在"气"之前加一个"余"字，表示它是因物而感、非正常运作之气。心气周而复始地循环着，余气是心气流行之中遗出而无法返回者。对此若不经过人的道德践履工夫加以贞定，一味顺着经验而流行，泄露的余气则会愈来愈多，时间一长就必然酿成心病、意病、知病、物病。心之余气又被称为"动气"，即浮动之气，浮动而为"念"，"念"逐物而驰，往而不返。

刘宗周认为，"意""念"的区别主要在于念有"起灭"，意却没有"起灭"。"意"是人心中的主宰，能够贞定住人心而不失其正，防止人向感性欲望方向过度地倾斜。"意"的定向

101

作用具有持久性与稳定性，并不随着时空的变化而有所改变，不左右摇摆，而是一直保持其固有的善的本性，不会泯灭，不会闪失。"念"却逐物而起，其好恶的对象为感性事物。"念"无主宰，着于此而不着于彼，着于彼而不着于此，具有偶然性，变化不定，忽起忽灭，不像"意"那样恒定如一地好善、恶恶。

将不善之"念"复归于善，需要有一个"治念"的过程。"治念"在刘宗周这里主要是通过"化念归思"来实现的。"化念归思"也可以说是"化念归意"，即通过"意"的主宰来化除心中的余气、浮气、暴气，以培养人的浩然之气。这个转化有赖于人主动地进行道德反思，思则得之，不思则不得。"化念归思"就是要将不善之"念"转化为至善之"意"，它是"心体"内在道德意识的外向开展。"化念归思"所能达到的最后境界便是"化思归虚"。"虚"即虚体，它与道体、中体、太极等名异而实同。"化思归虚"是在"化念归思"的基础上使心体进一步圆熟呈现。

刘宗周严辨"意""念"之异，旨在将阳明对"意"的理解方式加以扭转。刘宗周认为，王门后学出现种种流弊，根源即在于阳明将"意"字看坏，没有在"意""念"之间进行严格区分。在他看来，若像阳明那样将"意"解释为"心之所发"，有善有恶，则《大学》的诚意工夫便有仅仅用功于"已发"阶段之嫌，失去了"未发"之中的一段真工夫。这样一来，为善去恶将会随着生灭不已之"念"而转移。王阳明及其部分后学过于突出了良知"自然流行"的一面，忽略工夫，甚至将意念、情欲当成良知，在士人中间造成了一些不良影响。按照刘宗周的看法，产生这种问题的根源是因为阳明及其部分后学"辨意不清"。刘宗周十分注重辨析"意""念"的差异，强调"意"的至善性，突出"意"的主宰与定向功能，其良苦用心即在于试图对王门学者的理论缺失加以矫治。

刘宗周驳斥王门学者固然有其用意，但不可否认的是，他在诚意问题上对王学的辩难也有不合理之处。对于同一个概念，在不同学说中会有不同内涵，这在中外哲学史上乃常有之事。如果因为对概念内涵界定的不同而打笔墨官司，似乎意义不大。王阳明以"致良知"说独树一帜，将诚意归于致知，致知在阳明即是致良知。因此，诚意的内涵在阳明那里与刘宗周的确有所不同。王阳明所诚之"意"是意念，隶属于经验层面；而所致之"知"是良知，属于超验的层面。致知即是使人人内心良知豁然、清明，当善即善，当恶即恶。诚意在阳明那里便是使感性意义上的意念接受良知的主宰，听命于良知的安排。而刘宗周本身即是从超验的层面来界定"意"的，"意"渊然有定向，至善无恶，且能够好善、恶恶。由于对"意"的理解不同，相应地，两人对"诚"的理解自然也不同，王阳明所讲的"诚"在于对治经验，或者说扼制内心不好的念头；刘宗周所谓的"诚"则是按照"意"的本来面目而复还之，工夫在"化念归思"上。

第6章

"改过"说

　　人非圣贤，孰能无过？即使是圣贤，也难以做到一生不犯错。人犯了过错，则应加以改正，改正之后仍可堂堂正正地做人。传统儒家经典、历代家训读物以及各类教人趋善避恶的善书等对于人之过错以及改过的方法、途径均有所论述。改过也是普通大众的话题，人们反省自身、教导子女、提醒友人，无不涉及改过问题。可见，"改过"一词极其平常，妇孺皆知。不过，刘宗周却对"改过"作了十分详尽、细密的阐发，我们由其所著《人谱》《人谱杂记》《证学杂解》等著作即可看出这一点，尤其是《人谱》，更是直接彰显了"改过"的思想主题。

一、"改过"说的精义

　　刘宗周"改过"说的理论根底是心性论。他认为，一个人对心性本体的体认愈亲切，愈能照察自己的过失，而改过的信心与动力也就愈大。相比于其他宋明理学家，刘宗周阐发心性本体的独特之处在于，他径直由"独体"概念切入，向人们展示了一个应然的、理想的道德生命。宗周探讨心性本体问题，试图揭示这样一个道理：人在宇宙之中不是孤零零的存在，而是立于天地之间，因而，人须尽性践仁，自觉依"道"而行，勿使一言一行有所违越，这样人才可"与天地参"。人的心中有天道、天理，人才能真正培养一种崇高的道德感，也才能有勇气面对自己的过失，从而知过改过，不断增益德性。

探讨改过的道德形上根据，也不可回避人性善恶问题。宗周既然极力倡导改过，他无疑是承认了人有过错、邪恶，否则便无须改过，无须去恶。可是，宗周又是一位正统的儒家学者，他始终坚持孟子以来的儒家的性善论。两种说法之间是否有矛盾之处？此种担忧是多余的。在人性论问题上，包括宗周在内的宋明理学家大多受到张载的影响。张载区分了两种不同人性：一是"天地之性"，它是人、物共有的本性，是纯善的，它与超越的天道本体相感、相通，因而也具有超越性；二是"气质之性"，它是有善有恶的。刘宗周则认为，从心性本体的层面来看，人性无不善；从现实经验及修养工夫的层面来看，人性则善恶杂糅，甚或"通身都是罪过"。

刘宗周认为，"无善而至善，心之体也"。"至善"即是一种最高的善，它超出了善恶对待的层次。刘宗周以"无善而至善"来描述"心之体"，旨在表明"心之体"（也即性）具有无过无不及的中和之德，它是一种超越、绝对的善。不过，刘宗周又指出，宣扬人的先天禀赋之善，并不意味着人表现出来的行为都是善的。他认为，现实生活中的人因气质不够精纯，又受到外界的诱惑，难免会产生"过"与"不及"之类的问题。为了进一步说明人何以会犯错的原因，刘宗周还引入了

105

"妄"这个概念。在他看来,人产生各种过错的渊薮即在于人心之"妄"。"妄"是"人心之气"偶尔不稳定的状态,而形成过错、邪恶的端倪就潜藏于此。"妄"与"真"之间的差别虽然细微难辨,但"妄"毕竟不是"真"。本心呈现即为"真",反之则为"妄","妄"是一种隐性的不良精神状态。在人心至真、至微之处,若有一丝"浮气","妄"就会从似是而非的状态逐步发生,进而表现于外,产生种种过错、邪恶。因而,改过对人而言绝非是可有可无之事,而是不可或缺的。

刘宗周在反思改过的道德形上根据的基础上,又立足于经验层面对人的过错作了非常严细的分类,对如何改过也作了颇富创见的思考。

刘宗周对人的过错的划分,大体上遵循着由微至著、由内而外的原则。在他看来,凡人之过大体上可分为微过、隐过、显过、大过、丛过、成过六大类,每一大类之下又包含了若干小类。

刘宗周认为,被他列于首位的微过"藏在未起念以前,仿佛不可名状"。在常人看来,微过或许不能称为"过",因为它尚未表现于人的行为以及意念之中。如果一定要把微过称为"过",它也仅仅是潜意识中暗藏的一种浮妄之气而已。刘宗周则主张"从无过中看出过来",即从常人所认为的无过状态洞察出微过。而且,他对微过高度重视,认为它涵摄了后来的种种过错,所以微过实为后来众过的根源。牟宗三先生曾指出,宗周之学的特色之一是"归显于密",牟先生主要从宗周的慎独及诚意之说中归纳出这一特色。事实上不仅如此,从刘宗周对"微过"的论述也可以看出此特色。杜维明先生就说,宗周的"密"一定要从他对"微过"的描述和重视中显示出来才更见其恰当，从他对"妄"字的认识和把握中彰显出来才能"见筋、见骨"。

再略论刘宗周列出的其他诸类过错。刘宗周认为，隐过依七情而生，具体表现为"溢喜、迁怒、伤哀、多惧、溺爱、作恶、纵欲"。隐过主要与人的心理、情感层面的问题密切相关，所以刘宗周谓其"藏而未露"。显过已展露于外，刘宗周分别从足容、手容、目容、口容、声容、头容、气容、立容、色容等"九容"方面加以描述，比如，箕踞、交股、趋、蹶属于"足容"之过，好刚使气、怠懈属于"气容"之过等等。大过涉及家、国、天下、人伦纲常等原则性的问题，尤其表现为在五伦方面的迷失，即父子失其亲、君臣失其义、长幼失其序、夫妇失其别、朋友失其信。人在五伦上不谨慎，犯过失，则将无法挺立起做人的"大本""达道"，进而使得人在日用常行方面错漏百出，宗周将此类过错称为"丛过"，诸如谩语、流连花石、好古玩、纵饮、深夜饮、欺凌寒贱、作字潦草、轻刻石文等都可划归于丛过之中。刘宗周所论述的最后一种过错是成过。在他看来，成过为"众恶门"，并列出了祟门、妖门、戾门、兽门、贼门五恶门。"过"与"恶"有所不同，李振纲先生说，在刘宗周的思想中，"过"只是为了人们落实工夫而虚设的靶的，而不是现实性存在，一旦它由可能转变成现实，则"过"便不再是"过"，而是"恶"了。"过"与"恶"不是程度上的差别，而是存在方式的差别。

宗周十分强调对人的过错进行防微杜渐，着力培养人的道德内省工夫，而不是待过错发展成为恶行之后再去补救。在他看来，人内心的邪念及表现于容貌辞气间的过错如果得不到及时的矫正，在条件具备之时，邪念及过错便会衍化为恶行，而惩处恶行远远难于改正过错，这是宗周十分重视改过的原因。

可以说，宗周对人的内心活动与外在行为中的过错都作了深入、细致的探讨。从今人的视角观之，有的过错具有普遍性，古今中外都存在，宗周所列的大部分过错都属于此类，它们无疑具有负面的影响。有的过错在今人看来也许算不上严格意义上的过错，至多算是个人的一些特殊爱好，如"流连花石""好古玩"之类，玩物丧志固然不好，但现代收藏家即以此为职业或爱好，岂能说成是过错？有的属于个人的隐私，如"床笫私言"之类，寻常夫妻之间互表情意，难免会有"床笫私言"，但并无大碍。当然，掌权者被吹"枕边风"，以至于影响到公共权力的正常运作，这应是另当别论的。

宗周进而对人之改过提出自己的见解。他主张对人的种种过错，尤其是对他人未见而自己独知之过，须加以痛改而不能放过。人改过的前提是知过。宗周认为，"人无有过而不自知者"。人能知过，也可改过。由知过到改过，这是一种自然而然的过程，其间并无多少技巧可言，也无须刻意去做改过之功。细读宗周的《人谱》等著作，他对改过的方法、途径还是有所探究的，现将其归纳为以下三个方面。

一是主张层层转进，彰显改过的工夫次第。对于人自身的各种过错，刘宗周主张以层层转进的渐法，逐步消除，进而恢复人的善性。针对微过、隐过、显过、大过、丛过、成过等六类过错，宗周将对治过错的方法也分为六步：一曰凛闲居以体独；二曰卜动念以知几；三曰谨威仪以定命；四曰敦大伦以凝道；五曰备百行以考旋；六曰迁善改过以作圣。以上步骤由微而著，前后相续，自成一系统的工夫次第。

另外，我们由宗周的"真知"说亦可看出其改过的工夫次第。宗周说："夫知有真知，有尝知……真知如明镜当悬，一彻永彻；尝知如电光石火，转眼即除。学者由尝知而进于真知，所以有致知之法。"他认为，"知"可分为"真知""尝知"。"真知"是"本心之知"，源自本心而又符合天理；"尝知"是"习心之知"，它有灵光闪现之时，但因为受习染较深，难以持久。如何由"尝知"进入"真知"？这离不开人的后天修养工夫。宗周较为突出修养工夫的过程性，他主张对每一过失都细细查检，逐一改正，且不可懈怠。在他看来，不怕"尝知"的层次低，哪怕只是一刹那的电光石火，也是心体之善的呈现，一层进一层，则自然会臻于至善。

二是极力倡导"讼过法"。宗周所谓的"讼过法"，即是指通过静坐反思一己之过，进而改过自新的道德践履活动。他在《讼过法》中说：一炷香，一盂水，置之净几，布一蒲团座子于下。方会平旦以后，一躬就坐，交跌齐手，屏息正容。正俨威间，鉴临有赫，呈我宿疚，炳如也。乃进而敕之曰："尔固俨然人耳，一朝跌足，乃兽乃禽，种种堕落，嗟何及矣！"应曰："唯唯。"复出十目十手，共指共视，皆作如是言，应曰："唯唯。"于是方寸兀兀，痛汗微星；赤光发颊，若身亲三木者。

"讼过法"又被称为"静坐法"。"静坐"是佛、道二教的一种修养方法。宋代以来，周敦颐、朱熹等不少理学家也倡导"静坐"。不过，理学家倡导"静坐"，并不是要追求虚无寂灭之境，而是旨在收敛心意，在静中体认天道、心性。宗周则将"静坐"视为改过的方法之一。何俊、尹晓宁先生指出，对于宗周而言，"静坐决非一无事事，而是借改过而去妄还真的小心著地工夫"。宗周对静中改过自省的过程作了较为细致的描

109

述。他将自我设想为"真我"与"妄我"两种善恶对立的角色，在"真我"的道德诘难之下，"妄我"不得不坦承过失，并立志改过，将犯过之心、邪恶之念驱逐尽净，直至"一线清明之气徐徐来"。宗周认为，反复做此类"讼过"的工夫，人的念虑便会日趋端正，心地日趋清澄，而人的过错则会逐渐减少。

三是主张"慎防其微"。宗周的"改过"说，注重"在微处得力"。在他看来，人对微过缺乏警觉，不能及时加以清除，微过就会逐渐蔓延开来，衍生出后来的隐过、显过、大过、丛过、成过等过错，甚至发展为恶行，此刻再去防堵、惩治，则将变得异常困难，而且收效甚微。如果尚在微过阶段，人们即通过"体独"的工夫，清除潜意识层中的浮妄之气，端正心意，那么，改过将会取得事半功倍的效果。有鉴于此，宗周明确主张："是以君子慎防其微也。防微则时时知过，时时改过。"也就是说，改过的紧要工夫全在细微之处，只有做到了"慎防其微"，才能在内心培养一种悔过及罪感意识，也才能真正做到知过、改过。

综上，刘宗周将个人的行卧起坐、言谈举止、思虑意念乃至潜意识状态都纳入改过的范围之内，其思考问题之细致入微、改过工夫之艰苦刻厉，于此可见一斑。宗周的确称得上是一位躬行践履之儒，一向重视包括"改过"在内的各种修养工夫。其后学吴杰说："窃谓先生（指宗周）之学以慎独为宗，虽源出姚江，亦尝与石梁同作证人之会，而践履笃实，不称辞辨，为明季儒者之冠。"此语虽有赞誉之处，但说刘宗周践履笃实，实不为过。宗周认为，不可脱离工夫抽象地谈本体，本体就在日用常行的工夫之中，工夫愈精微、笃实，则本体愈昭荧、明朗。宗周的本体不离工夫的观点发展到其弟子黄宗羲那里则更为明朗化。黄宗羲强调，无工夫即无真本体，工夫是本体所以可能的必要前提。

当然，刘宗周的"改过"说敬畏有余而洒脱不足，甚至表现出一定程度的自惩、苦行等倾向。比如，刘宗周曾讲："学者姑于平日声色货利之念，逐一查阅，直用纯灰三斗，荡涤肺肠。"这几乎是将人的"声色货利"等欲望清除得一点不剩了，此种工夫论显然走向了极端。不过，刘宗周从未以此严苛的道德标准要求所有人去践行，这既无可能，也无必要。在他看来，"改过"究其实是一种道德上的自我约束行为，而非出于社会或他人的强制。

二、"改过"说的现代启示意义

"改过"说是刘宗周修养工夫论的重要组成部分之一。对其本人而言，"改过"说绝非只是一种学术上的见解，而是自家切实受用之学。刘宗周忠实地践行着自己的学说。他向来以清苦、严毅而著称，笃行自律，砥砺品行，若有过失，则反躬自省，痛改己非。当代人虽不必如刘宗周那样做非常严苛的修身工夫，但仍可从其"改过"说中获得一些有益的借鉴与启示。

应正视人性的阴暗面

从主流上看，传统儒家对人性持较为乐观的态度。先秦时期的孟子已明确倡导性善论。孟子认为，人与生俱来禀赋了一种善端，人应珍视这种善端，并不断加以扩充，这样人人都有可能成圣贤。孟子之后虽有荀子倡导性恶论，但从儒学的发展历程来看，性恶论仅为一股暗流、旁枝，孟子的性善论则蔚为大观，成为儒家在人性论上主导性的看法。不可否认的是，传统儒家对现实人性也有所警觉，他们大都认识到，人固然有先天的"善端"，但人同时也是一种感性的存在，有本能欲求，欲多情炽而产生过、恶，所以修身工夫也不可或缺，通过修身而变化气质，便可恢复至善之性。当然，现实人性的蔽塞与昏暗在多数儒家那里充其量只是性善论的一种辅助与补充而已。

一方面，刘宗周对孟子的性善论深信不疑。另一方面，他又能够正视人的过错，正视人性的阴暗面。杜维明先生说："在对人的理解上，尤其在对人的阴暗面的理解上，宗周与其他儒者相比不仅比较全面，比较深刻，而且他还有一种独特的见解。"由刘宗周的"改过"说可以看出，儒家思想并非是肤浅的乐观主义，至少可以说，以刘宗周为代表的部分儒家对人性的阴暗面有深入的省察。

人性问题是复杂的，也难以有确解，中外历史上的思想家们对人性问题均作出了各自不同的解读，而这些不同的人性论观点都包含有一定的真知灼见，但也都有各自的理论盲点。儒家的人性论也不例外，多数儒家标举的性善论应当有其积极正面的价值，它为理想人格的塑造树立了目标，同时彰显了德性培养的内在根据。但若一味强调人性之善，而不能正视人性的阴暗面，无疑也会失之偏颇。事实上，儒家的性善论仅仅表明人有向善发展的潜能，如果不能正视并逐步消除现实人性的丑恶，善的潜能便永远无法充分展现出来。刘宗周虽然是一位正统的理学家，但他对人性先天之善与后天之过错、邪恶给予了同等的重视，这是非常难得的。

当代学者张灏先生十分重视探讨"幽暗意识"问题。所谓"幽暗意识",即是指"发自对人性中与宇宙中与始俱来的种种黑暗势力的正视和省悟:因为这些黑暗势力根深蒂固,这个世界才有缺陷,才不能圆满,而人的生命才有种种的丑恶、种种的遗憾"。基督教表现出较为浓厚的"幽暗意识",它不相信人在世界上有体现至善的可能,因为人有着根深蒂固的堕落性,人永远无法变得完美无缺。张灏认为,"幽暗意识"在历史上发挥了一定的积极作用,它造成了基督教传统重视客观法律制度的倾向,无论新教或旧教的思想家,他们既然认为人性不可靠,因而他们在思考人类的社会、政治问题时,常常都能从客观的法律制度着眼。

相比于基督教,儒学中的"幽暗意识"较为淡薄,且在儒学整个思想体系中未能占据主导地位。刘宗周在传统儒家中的确是一个例外,恰如张灏所分析的,"《人谱》里面所表现的罪恶感,简直可以和其同时代西方清教徒的罪恶意识相提并论。宋明儒学发展到这一步,对幽暗意识,已不只是间接的映衬和侧面的影射,而已变成正面的彰显和直接的透视了"。当然,刘宗周是在儒家性善论及德治理想的大背景之下反思人性的阴暗面,所以他不可能像基督教思想家那样由对人性阴暗面的检讨进而寻求外在客观制度的完善,这是其学说乃至整个传统儒学的一个不足之处。人性预设与外在制度建设之间有无必然的关联性?这尚是一个充满争议的问题,但有一点应无疑义:如果回避或者不能够正确对待人性的阴暗面,制度建设将无从谈起。原因在于,好的制度即是那种能够有效防范并克服人性缺陷的制度。

应树立终生改过的意识

由刘宗周的"改过"说可以看出，改过不是一件轻松之事。人首先须有承认并正视自己过错的勇气，进而时时反省自己的过错，发现一错，便当下改正一错。而且，改过不可一蹴而就，人在世一日，便须改过一日，改过应贯穿于人的生命历程的始终。刘宗周曾经指出，"过无穷，因过改过亦无穷"，即是说，人的一生可能不断犯错，旧错已改，新错又犯，新错尚未彻底改正，旧错可能又重犯。既然如此，人之改过也不可能有终结。人改一次过，则多一分善，所以，刘宗周又说："善无穷，以善进善亦无穷。"

任何人在一生中都可能随时犯错。普通民众以及社会各个领域的精英人物概莫能外，甚至由公众推举出来的道德楷模也难以做到一生不犯错。一个人步入社会精英行列，只能表明他在自己的专业领域取得了骄人的成就，但并不意味着他在道德人品上就是完美无缺的，更不意味着他不会犯错。一个人因品行高洁而荣膺道德楷模的称号，而获得这个称号，也仅仅意味着公众对道德楷模已有人生轨迹的道德褒奖，道德楷模在接下来的生命历程中会有如何的表现，这取决于其本人。他可能不断提升自身的道德品行而受到公众进一步的仰慕，但也有可能在荣誉面前把持不住自己而犯下一些过失。

儒家往往将人的过错、邪恶产生的渊薮归咎于气质之障与物欲之蔽；而包括康德在内的部分西方哲学家则从自由意志的角度加以解释，认为自由意志是人的道德得以成立的根据、前提。但自由意志未必总是导致某种道德上的善，自由意志之所以是自由的，就在于它既可能为善，也可能作恶。人在一生中的确处于某种不确定的状态之中，按照杜维明先生的说法，人"既可以成圣成贤，也可以成魔成鬼，可以作禽兽"，人成为何种类型的人，无疑会受到其所处时代的社会环境的影响，但更多的则是决定于自身。人如果稍有松懈，人心便可能陷溺，人性便可能堕落。历史和现实的经验都反复证明，一个人尽管在多数时候做到了严谨、自律，可是如果在某些时刻（比如，自我感觉功成名就、功德圆满之时）放松了对自身的警觉，恣意妄为，为所欲为，犯下种种过错乃至罪恶，那么这将玷污数十年以来的清名，令人扼腕叹息。

当代人应树立终生改过的意识，无论在任何时候、任何境遇之下都应改过、修身。从消极方面来说，它可以抗拒社会不良习气对个体的不良影响，防止一己之身陷溺于过多的欲望之中而不能自拔；从积极方面来说，它有益于人们完善道德人格，提升道德境界。当代人改过、修身，既要批判地借鉴包括刘宗周在内的传统儒家的相关论说，又要结合当代社会的特点，探讨改过的新途径、新方法。比如，当代人除了做传统"反求诸己"式的改过、修身工夫之外，也应在各自的工作岗位、社会生活以及人际交往等具体实践活动中不断完善自己，提高自身的修养。再如，一方面，当代人应关注自身的德性养成；另一方面，还应将个体的改过、修身与推进整个社会文明的进步紧密结合起来。

第7章

辩难王学

天启六年（1626），刘宗周为了编《皇明道统录》，仔细研读了王阳明的文集。从此以后，他将自己一生的学问路向与王学结下了千丝万缕的联系。对于阳明心学，宗周"始疑之，中而信，终而辩难不遗余力"。也就是说，宗周早年受许孚远影响，较为认同程朱理学，对阳明心学则持质疑的态度；中年一度尊信阳明心学；晚年在明末人心涣散、学风极弊的情况之下，宗周感到从内部扭转阳明良知教以挽救王学末流流弊的做法是徒劳无益的，所以对阳明学说本身也辩难不已。

一、王阳明心学的理论缺失

王阳明本人意气风发，敢于创新，其掀起的思想解放潮流在当时具有"震霆启寐，烈耀破迷"的作用。可是，正所谓"成也萧何，败也萧何"，王阳明心学在促进思想解放运动的同时，也埋下了后来王学末流弊病丛生的祸根。王阳明心学发展到后来，非但不能指导、激励人们的道德实践活动，反而起着

116

某种程度的破坏作用。王阳明心学的理论缺失主要表现在以下几方面。

其一，将心性本体讲得过于轻巧、简易，并过分宣扬了个性解放。由孟子至陆王一系的心性论，突出人的本心本性和良知良能。孟子即心以言性，认为仁义礼智之性即根源于心。陆九渊远承孟子，其学说极力彰显了"本心"的观念，并且认为本心即是理，本心若充其极，也可与宇宙本体相融为一。王阳明的整个思想体系也偏重于对心体的阐发，强调良知的真诚恻怛、灵明妙用的一面。

王阳明明确主张"心即理"。在他看来，理即在心中，学者无须求理于外。"性""理"在阳明心学体系中也有所安立，但显然不是最核心的范畴，相反，"心"的地位和作用则被极大地凸显，"性""理"均被收摄于"心"中。阳明心学虽然可以避免朱熹理学的支离之弊，但是，由于阳明将心性本体讲得太轻巧、太简易，便很难避免在流传之中放纵、玄荡及空疏等弊病的产生。比如，明末的一些王门学者即是在阳明"心即理"的形式下将超出合理范围之外的欲望、情识掺入"心"中，并使其获得某种正当性。原因在于，"心"本身具有多重内涵，后来的学者在宣讲、阐发"心即理"的命题时，对"心"未必作出和阳明相同的界定。

王阳明还倡导"学贵得之心"。他认为，无论何种主张、观点，都应经过自己良知的审查，良知即是判断是非的准则。王阳明的这种看法突出了个体的独立思考能力和怀疑、批判精神，其价值是不容抹杀的。他主张凭借个体内在的良知来作出道德抉择，而不是仰仗圣贤权威，这在客观上起到了冲破朱熹理学思想藩篱的作用，为中晚明时期的个性解放思潮提供了直接的理论依据。个性解放是人的独立意识的萌生与自我意识的苏醒，是人的生存价值和生命意义的追求与实现。不过，若对个性解放的理解及实践有偏差，则同样会滋生弊病。比如，它可能被导向极端个人主义，即凡事只考虑个人的利害得失，或只依个人的性情来做事，漠视他人及社会规则的存在；或者被导向情欲至上论，即过于渲染情欲的重要性，主张对人的本能欲望不加节制；或者被导向道德虚无主义，即由质疑现行道德规范的合理性开始，进而非难、否定一切道德。极端个人主义、情欲至上论、道德虚无主义具有千丝万缕的联系，三者之中不管出现哪种论调，对于人性及人类社会的正常发展都具有一定的破坏性。在王阳明那里，尚不至于出现以上问题，可是其倡导的个性解放运动发展到明末，就难免出现偏颇：对个体自由的过分追求逐步消解了人的责任心与使命感；个性解放有时被歪曲为纵欲主义，人的本能虽然得到宣泄，个体的精神境界却无法得到提升；也有一些王门学者逐渐走向了道德虚无主义，他们热衷于摧毁旧道德，却又难以提出符合当时时代要求的新道德规范，这样一来，就极易造成道德真空的局面。

笔者认为，个性解放无疑大有倡导之必要，人从各种羁绊中解放出来，才能获得自由而全面地发展，但却不可将个性解放发展成为唯我独尊、放任自流。同时，我们可以而且应该抛弃某种过时的道德准则，但却不能缺少道德理性精神，只要有人类社会，就不可陷入道德虚无主义的泥淖之中，就一定要有某种"道德"，只不过其具体条目应随着时代环境变迁而不断更新。

其二，有"不善用工夫"之嫌。在工夫问题上，王阳明虽然没有完全排斥修养工夫，但其工夫教法却显得不够严谨。一方面，王阳明主张本体与工夫的统一。他认为，良知的至善性、普遍性仅仅为人们的道德践履和成圣成贤的追求提供了内在根据和可能性，要使良知真正呈现出来，必须借助于后天的工夫。可是另一方面，王阳明在工夫教法上的确存在轻易指点弟子之弊。他在教导弟子时，有时仅仅是"因病而药"，不可视为定法；有时是随机立言，只讲到修养工夫的某个方面，不够全面。可是，其门人弟子却可能各执一端，并将此一端视为阳明宗旨的定法，并作过度发挥。

王阳明工夫教法遭到学者诟病，还因其赞成并宣扬"满街人都是圣人"之类的见解。在他看来，就人先天禀赋的良知而言，圣人、凡人都是一样的，良知对任何人来说都应是当下具足的。"满街人都是圣人"的主张打破了传统的人性品级、等级的区分，在客观上增强了普通人成就道德理想、完善道德人格的自信心。可是，"满街人都是圣人"仅仅是就人的本性来讲的，人人虽都具有成圣的可能性，但并不意味着人人已经现成地就是圣人。要成为圣人，持久的道德践履活动乃是不可缺少的。"满街人都是圣人"的主张有可能会诱导学者淡化修身工夫。如果不做修身工夫，也不守基本的礼法规矩，却大讲"满街人都是圣人"之类的高妙话头，便易滋生流荡、放纵之弊。

其三，有禅学化的倾向。王阳明对佛、道的思想资源多有吸收和借鉴，尤受禅宗影响。他曾有过一段漫长的参禅学佛经历，一生为官所到之处，遍求佛刹，遍访禅师。王阳明在《传习录》中经常以佛禅的公案作为其阐明心学的例证，在授徒过程中，有时直接以《坛经》作为教授学生的教材，认为禅宗不思善、不思恶的教法为直超上乘，他甚至还模仿禅师动作以开启学者。他的诗文中也流露出禅意十足的意境。王阳明晚年倡导的"致良知"说也与禅学有着千丝万缕的联系。"致知"二字本来出自《大学》，但王阳明把它禅学化，称作"圣教的正法眼藏"。"良知"有时实际上成了"佛性""如来藏"的代名词。王阳明虽然没有仅仅停留于禅宗的心性学说，但禅宗的思想资源和思维方式在王学建立过程中无疑发挥过重要作用，而王门部分后学流于狂禅与王阳明的掺禅入儒同样有密切的关系。王阳明心学虽有禅学化的倾向，但还是不能等同于禅学。

其四，轻视读书。王阳明虽未尽废读书，但却对以获取知识为目的的读书活动采取较为轻视的态度。他与陆九渊一样，反对不明本心的死读硬记，主张破除圣贤权威，认为即使读圣贤之书，也应该是"六经注我"式的读书，以圣贤之言来印证吾心之中的本有之理。阳明尝说："知识之多，适以行其恶也。"在他看来，良知能不能呈现出来，不在于读了多少书，有多少知识，读书太多，知识太广博，可能还不利于人的成圣成贤，甚至起到某种妨碍作用。可以说，读书活动与成就道德人格在王阳明学说中不能相得益彰，两者处于一种紧张关系之中。此点遭到了中晚明时期部分学者的批评。

王阳明的意气风发、放言高论以及其心学体系的不严谨、不缜密对中晚明儒学发展的影响是双重的：一方面，导致了王门后学的分化，尤其是促使王门"现成良知"派、"狂禅"派产生并成为中晚明阳明学派中的"显学"；另一方面，它又使得反思、批驳、补救王阳明心学及其部分后学理论缺失的现象蔚然成风，王学修正运动骤然兴起。

王阳明心学分化的苗头在阳明生前就已萌生。其学说过于高妙，且有以上分析的欠周延之处，因而较容易引发争议。钱明先生在《阳明学的形成与发展》一书中指出，阳明对其弟子中间所发生的各种争执，不是包容混会、不及剖析，就是模棱两可、权实相用。因此待阳明去世后，其一传门人中潜滋暗长的几股背驰力量，在相对开放的学术氛围下，便开始崭露头角。到了万历初年，随着会讲风潮的兴盛，阳明学内部分派分系的阵势更趋猛烈，并一直延续至明末。

学者们对于王门后学的划分不尽相同，本书主要借鉴嵇文甫先生在《晚明思想史论》一书中的分类方法。嵇先生把王阳明后学主要分为左、右两派，"左派王学"以王畿和王艮等为代表；"右派王学"则以聂豹、罗洪先等为代表。在王门后学中，"左派王学"的影响最大。王阳明心学能够风靡大江南北，实有赖于王畿、王艮以及他们后学的传播、推广之功。不过，一部分"左派王学"对阳明心学作了过度发挥，进而突破了阳明心学的藩篱，滋生流弊。

在王阳明那里，虽然已有"现成良知"论的端倪，但他并未以之为究竟之说。王畿、王艮等人则明确倡导"现成良知"论，并把它作为学说的宗旨。他们主张良知当下即是、即时呈现，不须刻意去作防检、穷索之功。这种体道之方简易明快，能够使人获得自然生命以及精神生命的和乐、畅快。可是，从大多数人道德修养的角度来看，如果过分彰显现成良知论或自然人性论的观念，轻视乃至取消必要的修养工夫，则易将良知泛化为人的一切不假思索的心理和生理的本能反应，良知便极可能被混同为自发的意识。

王畿、王艮的一部分后学逐渐流于"狂禅"。这里所谓的"狂禅"，主要是指大谈禅学的王门后学学者，而非丛林之中的僧人、禅者。颜钧、何心隐、管志道、邓豁渠、罗汝芳、周汝登、陶望龄、陶奭龄、李贽等是其中的主要代表人物。以李贽为例，他除了在治学方面常常出入佛老之外，晚年还走进麻城龙潭湖芝佛院，落发为僧，皈依佛门，自命"和尚""苦老""僧家清高出尘之士"。李贽既非正统的儒者，也非正统的佛教徒，他在麻城芝佛院期间，剃发留须，居佛堂而食肉，不拜祖师却高悬孔子像。包括李贽在内的"狂禅"派过于张扬个性，以至于意气太盛，狂放无羁，这种做法不仅在礼教十分盛行的古代社会行不通，即便在今日，也未见得能够付诸实施。一个社会若要保持有序、和谐与稳定，一方面，需要尊重人们个性的自由发展；另一方面，作为个体之人，也需要对自己的个性稍作收敛，而不能任凭一己气机之宣扬。

王阳明心学的理论缺失及"左派王学"的流弊所带来的另外一个结果即是王学修正运动的兴起。王学修正运动兴起于何时？梁启超先生在《中国近三百年学术史》一书中将其定于晚明时期，认为东林领袖顾宪成、高攀龙提倡格物，以救空谈之弊，可以看作是对王学的第一次修正；而唐君毅先生在《晚明王学修正运动之起源》一文中（该文后收入《唐君毅全集》）则把王学修正运动上溯到湛若水、罗钦顺那里。笔者倾向于唐先生的看法。也就是说，王学修正运动兴起的时间几乎与王阳明心学诞生的时间相当，在王阳明心学形成与发展的过程之中，已有湛若水、罗钦顺等学者与其展开辩驳，这即意味着王学修正运动已逐渐拉开序幕。

王学修正运动是中晚明儒学发展史上的一种重要思潮。该时期的王学修正者对王学进行了鞭辟入里的反思，对其暴露出来的弊端汲汲加以修正。阳明的"心即理"说、"知行合一"说、"良知"说、"四句教"以及其对"格物""诚意"等范畴的解释，"左派王学"中盛行的"现成良知"论、"狂禅"习气等均是学者们反思与纠弹的对象。王学修正者对王阳明心学及"左派王学"做了很多补偏救弊的工作，这对中晚明儒学的健康、理性发展无疑有所裨益。王学修正者不仅停留于对王学的修正、辩难，而且在此过程中逐渐建构了自身的思想体系，发展出各具特色的学说，从而使得中晚明儒学呈现出多样化的发展格局。

二、刘宗周对王学的辩难、修正

刘宗周是王学修正派的主要代表人物之一。他对王学做了很多补偏救弊的工作，在王学修正运动中是功不可没的。梁启超先生说，晚明对王学自身的反动，"最显著的是刘蕺山（宗周）一派"。

凸显性体

一般来说，心学疏于心、性之分。陈来先生在《有无之境——王阳明哲学的精神》一书中指出："心学的主要理论特点，一是主张心即理，二是不重心性之分。"王阳明也是如此。至王门后学，则舍性、理而言良知，确立了"本心自然"的道德价值观。这实际上弱化了道德理性的地位，彰显了情感、欲望的重要性。

刘宗周构建了一个"独体"的范畴。在他看来，"独体"并不玄虚，它就在心体与性体之中呈现（宗周喜欢在"独""心""性"等范畴后面加上"体"字），是心体与性体的统一。性体侧重于强调道德本体所具有的客观性与普遍性，依照牟宗三先生在《心体与性体》中的分析，"性体是涵盖乾坤而为言，是绝对地普遍地"；心体则主要揭示道德主体的能动性与创造性。刘宗周一方面主张将心体与性体有机结合，另一方面，他又凸显了性体，着力阐发了"独体"所蕴含的客观性与普遍性，从而使"独体"既具有"心体"意义上的灵明觉照，又具有"性体"意义上的天理至善。刘宗周如此做，目的即是试图从王阳明思想内部来扭转王学的流弊。宗周心性论区别于阳明心性论的地方正在于前者凸显了性体，突出了天命之性，同时又将天命之性通过自身之用的显扬而展示为主体之心的内在实质。刘宗周的这种致思趋向无疑与王学单刀直入地说良知、明觉有不同之处。

就性体来看"独体"，"独体"即是"未发之中"，即是体现了天命之性的至善存在。在此意义上，"独体"有时被宗周描绘为"天枢"。他说：一敛一发，即是造化流行不息之气机，而必有所以枢纽乎是？运旋乎是？则所谓天枢也，即所谓独体也。"天枢"即天道，它表现于人即为"独体"，也即人之所以为人的先验理性本体。在宗周看来，天道与心性是可以贯通的，天道并非隔绝于人，而是能够下贯于人的，人也能通过道德实践而呈现天道。

刘宗周认为，王门部分后学仅仅以心之灵明觉照作为证圣的根本，而置普遍的道德规则于不顾，这将会使良知的本来面目遮蔽而无法呈露，混情识和玄虚入良知而不自觉。在他看来，王门后学最大的弊病恰就在于"学不见性"，即轻视性体，舍弃了道德理性。

当然，刘宗周也主张不能抛开心体讲性体。一方面，性体是心体的内容，没有性体，则心体只是虚灵空洞的主宰。紧扣性体来谈论心体，心体的主观活动才能有所收敛，个体之心才不会任意妄作。另一方面，心体又是性体的主体。没有心体，则性体成为悬空无实的虚构之物。心体之外别无性体。若仅有性体的高高在上，虽然令人敬畏，但也必将失去其存在的意义，性体最终要落实到心体上来讲。只有靠心体的彰显才能使性体得以实现，即是说，人通过自身的克治之功及自律的道德实践，才能超越外在的形骸之障而与天沟通，天人合一即表现为人心与天理的内在统一，表现为心体的主观活动尽合于性体的必然。刘宗周较好地处理了道德本体的超越性与内在性、客观普遍性与主观意识性之间的关系。

吸纳气学思想

刘宗周的学说虽属心学系统，但他也较多地吸纳了气学思想。在他看来，在心学中融入气学思想，论心论性则不至于悬空，不流入虚无。"心"当置于宇宙的大化流行之中，以使活泼泼的不可思议之心有所安顿。

在理气观上，刘宗周受罗钦顺的影响较大。他十分赞许罗钦顺"理气是一"的观点，认为它有功于"儒门圣学"。刘宗周也主张理气合一论，认为理是气之理，理即表现于气中。在理气的先后问题上，他认为，理不在气先，理不能生气，气决定理。他反对将"理"当成一物看，认为理气相即。刘宗周说："盈天地一气也。气即理，天得之以为天，地得之以为地，人、物得之以为人、物，一也。"此句似表明，世界统一于物质性的气，天、地、人、物均由气而形成，有的学者据此而将刘宗周定位为气本论者。笔者认为，刘宗周的确重视"气"这个范畴，但从其思想学说的总体倾向来看，此种结论不能成立。综观刘宗周学说，他是站在心学立场上对罗钦顺的学说加以吸收消化的。刘宗周在吸收罗钦顺气学思想的同时，也从自身学术倾向出发指出了罗氏学说的不足，即认为罗氏没有把理气论贯彻到心性论上去。刘宗周所要做的，正是要打通理气、心性的关系。他主张以气释心，以气释"独"，倡导理气、心性的合一，理气不相离，二者皆落于心之上，融合于一心之中。这表明，刘宗周既要融入气学思想以修正王学，又不愿放弃心学立场。

刘宗周将理气论与心性论有机结合起来，旨在使心性之学更富有客观性，使心性之学不至于流为空说。东方朔先生在《刘蕺山哲学研究》一书中指出，就哲学本性上分析，理气论内容涉及对客观世界的分析，因而其所表现的特征具有一定的客观性。宗周论理说气尽管是在心学的架构中进行的，但因其重视在心性之学中确立"性天之尊"，也可以避免使人走向蹈空玄骛之路。

倡导合一论是刘宗周的理论旨趣之所在，他常将分立或对立的观念合而为一，当然分与合又是辩证的。他不仅主张理气与心性的统一，还强调已发与未发、动与静、道心与人心、涵养与省察、无极与太极等的统一，尤其在气质之性与义理之性的关系上，他的合一论特色较为鲜明。刘宗周把义理解释为"气质之本然"，气质是就一气流行而落实于人身上来说。他不赞成离开气质之性来讲义理之性，他主张义理之性不离气质之性，否则便会使义理之性落空。在他看来，义理之性即是气质之性的本然状态。刘宗周将义理之性视为形而上者，同时又否认有超然独存的义理之性，认为形而上者即表现于形而下者之中。事实上，王阳明也主张"彻上彻下，只是一贯"，反对分上一截与下一截，但其后学中则出现了忽略形而下者、只重形而上者的倾向。刘宗周强调气质之性与义理之性的统一，重视形而下者，并在心学范围内汲取气学思想，即是为了防止王门后学仅在超越之心的范围内打转，说有说无，即心言心，使道德实践无法落实。刘宗周既没有放弃心学立场，也没有固守已有的心学架构，他兼融了不同系统的学问，以便尽可能地克服王学末流"束书不观，游谈无根"的毛病。

驳斥"致良知"

在对《大学》主旨的诠释上，刘宗周与王阳明有较大的分歧。在刘宗周看来，《大学》的主旨是慎独、诚意，他晚年尤其强调诚意。实际上，王阳明曾经也对诚意思想极为重视，只不过后来有了转变。陈来先生指出，王阳明在江西平藩之前，一直以诚意来统率格物，认为《大学》最重要的观念是诚意，诚意是《大学》思想的核心和灵魂。王阳明此时以诚意立说，目的即是要扭转朱子解《大学》的理路，以建立心学系统。这一思想为刘宗周所看重，不过，王阳明在平藩以后便正式以"致良知"为宗旨建立哲学体系。"致良知"是王阳明心学的最后理论归宿，体现了阳明思想新的发展。王阳明以为，以前他提倡的诚意说，诚意虽指真实地好善恶恶，但辨别善恶的标准没有确定。而懂得良知说，好恶就有了所当依从的标准，因为良知就是每个人内在具有的是非准则。

刘宗周对王阳明先前以诚意为本的思想较为赞赏，对王阳明晚年的"致良知"说则大加驳斥，认为"以良知为主脑，终是顾奴失主"。在他看来，以诚意为总则来统摄诸义，已足以揭示《大学》之旨，无须再从天外飞来个"致良知"。况且，

"知"本身即是至善，即是良，阳明于"知"字前加一"良"字，更是画蛇添足、架屋叠床之举。不过，笔者认为，刘宗周与王阳明辩解《大学》原旨充其量只是表面之争。《大学》主旨，本无定见，刘宗周以诚意、慎独来诠释，王阳明以"致良知"来诠释，两者原本可以求同存异，并行不悖。刘宗周察觉出王阳明良知教的某些弊端，这才是其驳斥良知教的根本原因。

刘宗周认为，王阳明的"致良知"说将是非判断的权力完全交给主体自身，不是很靠谱，且难以消除主观臆断之讥。同时，"致良知"说过于高妙，在流传之中则容易滋生流弊，其后学中出现了误认本能情欲为良知的现象。与王门后学高扬个体意志、过于外露相反，刘宗周则强调"退藏于密"（该语源自《周易·系辞》）。他拈出此语，是希望士人在做修养工夫时，尽可能趋于内敛、暗淡，不可过分地张扬。刘宗周有一次与史子复讨论良知之弊。史子复认为"良知终无凭据"，刘宗周对此十分认同。他一向重视践履工夫，以克己、内修为当下门径。

刘宗周早年对王学只重提"主脑"、不喜言"克治"之事已表示异议，及至晚年确立诚意之说，他更是感到王门良知教立说太高，用功太捷，以此传世，则必然出现谬误，难免与禅宗"明言见性"之说混同，所以对阳明的"致良知"说大加驳斥。

"四句教"之争

刘宗周对王门"四句教"向来不满，尤其对王畿的"四无"之说痛加针砭。

王阳明晚年提出了"无善无恶是心之体，有善有恶是意之动，知善知恶是良知，为善去恶是格物"的"四句教"法，它是王阳明晚年思想发展的一个核心课题。王阳明的《传习录》以及王门弟子王畿、邹守益的文集等都提到了"四句教"。陈来先生在《有无之境——王阳明哲学的精神》一书中对王门"四句教"相关问题作了很好的梳理与考辨。嘉靖六年（1527），王阳明被派遣到广西平定少数民族暴乱。起程之前，王阳明在越城天泉桥上为弟子钱德洪（绪山）、王畿（龙溪）详细阐发了"四句教"宗旨。但两弟子对"四句教"的理解分歧较大。王畿认为，心既是无善无恶，意、知、物也都应该是无善无恶的，这样一来，"四句教"在王畿这里就变成了"四无"之说。与王畿相反，钱德洪以"四有"说来理解阳明"四句教"，他强调为善去恶的复性工夫，并将阳明四句教改为：至善无恶者心，有善有恶者意，知善知恶是良知，为善去恶是格物。王阳明对钱、王的分歧采取了调和的态度，认为王畿的"四无"之说是接引上根之人的，而钱德洪的"四有"之说是接引中根以下之人的，为其次之法。两种看法虽然都是王门用来教人的方法，但每种方法各有局限性，所以两种方法应当"相取为用"，相辅相成，不可偏废。

　　对于王阳明"四句教"的首句及王畿的"四无"说，刘宗周以及中晚明时期的不少学者曾经提出过批评。王阳明尽管有时也明确倡导性善论，有时又在"至善"的意义上来指称"无善无恶"，但"四句教"首句确实容易引发争议，其问题主要在于未能充分考虑此学说在流传过程之中可能滋生的弊病。也就是说，阳明以其天才式的哲学睿智倡导高妙之论，其出发点无非是试图激发人的内在道德自觉，同时在不违背基本道德原则的前提下也拥有自由自在的心灵境界。王阳明在宣扬"无善无恶"之说的同时，也主张切实地做为善去恶的工夫。可是，其部分后学未必能够领会阳明之说真正的旨趣，却大谈"无善无恶"，进而对"为善去恶"的修养工夫也采取不以为然的态度，这在一定程度上导致了王学末流士风的低迷、衰颓。若追根溯源，王阳明也应当负有一定的责任。

刘宗周主要从以下方面批驳了王门"四句教"。

其一，"四句教"首句与儒家性善论格格不入。在刘宗周看来，告子倡导"无善无不善"的人性，已遭到孟子无情批驳，这早已成千古定案。若于数千年后又宣扬"无善无恶"之说，这无异于重蹈告子的覆辙。刘宗周认为，不坚持性善论这个前提，便难以在儒释之间划清界限。

其二，"四句教"有"即用以求体"之弊。《大学》曰："欲正其心者，先诚其意。"刘宗周认为，若将王门"四句教"前两句"无善无恶是心之体，有善有恶是意之动"与《大学》此句联系起来，则必成为先诚有善有恶之意，后正无善无恶之心。这种在"有善有恶之意"中求"无善无恶之心"的做法被刘宗周斥为"即用以求体"。依此类推，则会得出"欲修身，先齐家；欲治国，先平天下"的结论，《大学》种种说法都该倒说了。而且，在宗周看来，若"即用以求体"，常不得其"体"，反而容易将情识混入良知，视良知为当下具足，纯任个体的主观意愿而行事，遂至猖狂恣肆。当然，宗周此处似以己意强难阳明，阳明晚年以致知（致良知）来统摄《大学》诸义，依阳明，应先致知、后诚意。宗周的此处辩难与阳明的原意不相干。

其三，"四句教"可能导致"知为意奴"。刘宗周认为，

"四句教"中的"有善有恶是意之动"与"知善知恶是良知"二语有相互矛盾之处。原因在于,若主张"知先主而意继之","知"既至善,有主宰义,则不当有善恶相杂之"意";若主张"意先动而知随之",则"知"落后于"意","知"不得为良。良知既是落后者,成为"第二义",只在念起念灭之处用功,良知之"良"便荡然无存,良知的主宰义及定向能力均不能呈现出来,因而刘宗周责之为"知为意奴"。如此一来,致良知永远都在善恶之后发生,而不能成为究竟工夫。事实上,宗周的这种指责也不合理。阳明的"致良知"已包含了诚意工夫,他在处理诚意与致良知关系问题上,并不像宗周所理解的那样是截然分作两事的。

刘宗周不但驳斥了王门的"四句教",而且还另立了一个"四句教":有善有恶者心之动,好善恶恶者意之静,知善知恶者是良知,为善去恶者是物则。宗周这里先不抽象地设定一无善无恶的心体,只就经验层面的"心"而言。"心之动"与其哲学中"念"的概念紧密相连,善恶杂糅。而"意"有超越的一面,好善恶恶,能先天地作出道德价值判断。"意"是至善,无生灭起伏,静定自如。再就第三句而言,刘宗周常讲"知藏于意",即将"知"吸纳到"意"中来。他将王阳明所讲的"良知"仅仅理解为"知善知恶",然后又论证"知善知恶"与"知爱知敬"相似而实不同。"知爱知敬","知"在"爱敬"中,人能"知爱知敬",他在现实行为中必然有所表现。而"知善知恶","知"在"善恶"外。人"知善知恶"而不"知爱知敬",便无法真正地"好善恶恶",诚意之功不能真正地落实,因而刘宗周主张"知藏于意",以便在"知"中融入"知爱知敬""好善恶恶"等因素。应该说,刘宗周此处对王阳明仍然存有一定程度的误解。他将王阳明学说中的良知仅仅看作是知善知恶，这不符合王阳明的本义。王阳明的良知作为先天原则，不仅表现为知善知恶、知是知非，还表现为好善恶恶，或者说，良知既是道德理性原则，又有道德实践意义。另外，刘宗周也讲"为善去恶"，只不过将王门"四句教"中的"格物"换成"物则"，"物则"即是"天则"或"天理"的意思。刘宗周如此费尽心思驳斥、改装王门"四句教"，目的在于尽可能地避免王学流弊产生的可能性。

第8章

临难仗节，彪炳史册

崇祯十七年（1644），无论对于大明王朝，还是立国不久的清朝政权，抑或是农民起义军而言都是极不寻常的一年。这一年，崇祯帝自缢而亡，大明王朝土崩瓦解了；清朝军队一路南下，愈战愈勇，势如破竹；李自成攻入北京之后，立足未稳，便很快败退出城……群雄角逐，各方力量都在进行殊死搏斗，九州大地干戈蜂起，百姓流离失所，困苦不堪。在改朝换代的风云变幻之际，已被革职为民的刘宗周又在想些什么、做些什么呢？

李自成率部于崇祯十七年正月东征京城，连续攻克了太原、大同、居庸关等地，直逼京城。三月十七日夜，京城守城太监曹化淳率先打开京城外城西侧的广甯（nìng）门，农民军由此进入今复兴门南郊一带。三月十九日清晨，明朝兵部尚书张缙彦主动打开正阳门，迎接李自成手下的第一员骁将刘宗敏率军入城。至此，京城已彻底为农民军控制了，崇祯帝走投无路，在煤山（今景山）自缢身亡。延续了近三百年的大明王朝在这位励精图治但却刚愎自用的皇帝手上覆灭了（明朝灭亡的迹象虽然由来已久，有的学者认为万历甚至嘉靖朝已出现败亡的端倪，但其瓦解则是在崇祯帝时期），其天子之身也随之陨落。

一、最后的抗争

当时身在江南的刘宗周尚不清楚崇祯帝已经驾崩，但他知道眼下的京城正处于风雨飘摇之中，事态万分危急。本来，刘宗周已被罢官。说白了，他这几年就是一个较有影响力的老百姓，他当然没有义务去京城救驾、勤王，但刘宗周没有这样去想，他从未记恨崇祯帝将他两次革职为民。"天下兴亡，匹夫有责"，即使是一个老百姓，在国难当头之际，也要挺身而出，何况他曾经是朝廷大员、现在仍然是蜚声朝廷内外的社会名流呢？无论是仕朝还是居家，刘宗周忠臣的本色不会变。一方面，他呼吁会稽一带的士绅组建义兵，挥戈北上；另一方面，致信浙江巡抚黄鸣俊，请求他发兵勤王，以便为其他地方实权派人物作一个示范。可是，黄鸣俊哪里会采纳无职无权的刘宗周的建议？

崇祯十七年五月，刘宗周弟子王朝式来告：京城已破，崇祯帝自缢。惊闻这个消息，刘宗周当即恸哭不已。他的恸哭不是做作、矫情，而是发自内心的悲痛，他爱民，也忠君。哭过之后，刘宗周又召集当地士绅设立灵堂，遥祭崇祯帝。

刘宗周还携子刘汋以及门生黄宗羲、陈确等人徒步百余里，亲自赶赴杭州，当面劝说黄鸣俊出兵。他说，巡抚大人作为地方大员，应当竭力为朝廷效劳，如果再犹豫不决，为时已晚矣。可是，黄鸣俊并没有被刘宗周的诚意所感动，他仍然以

"临事镇静""安人心"为托词拒绝刘宗周。刘宗周十分愤怒，当即指责黄鸣俊此举非忠臣烈士之所为。杭州市民得知巡抚如此缩头缩脑，也是义愤填膺，他们自发聚集于刘宗周的临时住所商讨对策。迫于社会舆论的压力，黄鸣俊不得不再次来见刘宗周。刘宗周指着门外成群的市民对黄鸣俊说，巡抚大人，您不是要安人心吗？怎么安人心？那就是为先皇发丧、起兵，而不是按兵不动。黄鸣俊总算是有一点良心萌动，于是召集数万军民至佑圣观行礼志哀，为皇帝蒙难、京城遭屠而哭祭。按理说，哭祭完了之后就应该马上兴兵北上，可是黄鸣俊再次表现出他老滑头的一面，他以器械、衣具没有筹措到位而一拖再拖，实际上，他所想的还是如何自保的问题。

事实上，不只是明王朝，历史上很多朝代都是如此：当朝廷有难，起而保卫王朝的未必是那些享受皇恩、从朝廷攫取较多利益的权贵、官僚以及其他既得利益阶层，反倒是像刘宗周这样不为皇帝所喜欢的忠臣、谏臣以及平日被官员欺压的一部分老百姓。他们有血性、有担当，该出手时就出手，敢于为朝廷分忧、为君王解难。即使是反抗明王朝腐朽统治的农民军，也敢抵御南下的清军，而明朝的不少军事将领以及他们统率的正规军队一遇到清军即四处溃散，甚或投降，拱手将大好河山让与清军。

刘宗周劝说黄鸣俊无果，遂决定自行组织义兵救国。时任绍兴知府的于颖以及前吏科给事中章正宸等人深为刘宗周的忠贞与气节所感动，他们主动拜谒刘宗周，与其商讨、策划兴兵之事。于颖等共推刘宗周为盟主，准备誓师北上。他们还设法与明朝统兵将领郑芝龙、左良玉等人取得联系，以便共同御敌。后来接到福王朱由崧监国于南京的消息，众人见此，商议道："监国既立，我等如果此时再擅自北伐，容易成为他人攻击的把柄，节外生枝。"刘宗周一干人北伐的计划由此而作罢。

朱由崧是老福王朱常洵（万历帝第三子）之子。崇祯十四年（1641），以李自成为首的农民军攻破福王的封地洛阳，朱常洵被农民军杀死，他的尸体被剁成肉块并混入鹿肉中烹煮，农民军戏称为"福禄（鹿）肉"。朱由崧及其生母邹氏则侥幸逃出。他后来世袭了福王的虚衔，可是那时明王朝的统治已危机四伏，很多地方烽火连天，混乱不堪，朱由崧无法在洛阳立足，更不可能像老福王那样锦衣玉食，他甚至连一个安定的住所都没有，吃饭也是有上顿没下顿。想当年，老福王朱常洵就藩洛阳的时候，被赐庄田二万顷、盐引千计，生活何其奢华！而其子朱由崧竟然落得如此田地，王侯将相也有败落的时候！失去了庇护的朱由崧如同一只无头苍蝇，到处乱跑乱撞，最后流窜到南京一带（淮安）。在马士英、高杰等人的拥戴下，朱由崧登上了皇帝的宝座，改次年为弘光元年。

南明弘光政权处在山河破碎之际，无论新皇帝还是大臣均不知廉耻，骄奢淫逸。朱由崧昏庸无能，目光短浅，整日纵情于声色之中，即位之初，就派太监到处搜罗民女以充后宫，弄得民怨沸腾；马士英、阮大铖等权臣则大肆卖官鬻爵，拼命捞钱。南明弘光政权是一个没有希望的政权，也注定是一个极其短命的政权。

朱由崧在筹建新政权的过程中，即向刘宗周抛出了"绣球"：重新加以起用并官复原职（任都察院左都御史）。刘宗周上疏推辞，但朱由崧未批准。于是，他决定以老弱之躯再度出山。他对南明弘光政权当然不抱有太大的希望，但强烈的社会使命感促使他舍弃安逸，最后一次效命于朝廷。宗周于崇祯十七年六月前往南京任职。在赴任的路途中，他就呈上几道奏疏，就如何挽救危局直陈己见，提出了一系列的具体措施，如"据形胜以规进取""重藩屏以资弹压""慎爵赏以肃军情""核旧官以立臣纪"等。刘宗周强烈呼吁，当下形势急迫，君臣上下千万不可苟且偷安，唯有振作精神，精心谋划，才有可能逐步恢复中原失地；同时，乱世须用重典，对临事脱逃、谋国不忠的廷臣或军事将领应分别定罪，根据罪行轻重予以监禁、流放乃至诛杀，他尤其把矛头指向马士英、阮大铖、高杰、刘泽清等权臣。事实上，刘宗周这个时候还没有到达南京，就得罪了一大批朝廷官员，这些官员对其恨之入骨，欲除之而后快。对手很快找到了报复刘宗周的机会。当时浙江巡抚黄鸣俊带领数千人马来觐见朱由崧，但不小心与驻京口（今镇江）明军产生摩擦。此前刘宗周曾力劝黄鸣俊北伐，黄不听，他这个时候带着人马过来，无非是要投靠新主子而已，他不想为已死去的崇祯帝尽忠，对于南明新政权，他还是想有所表现。黄鸣俊这次的行动，刘宗周全然不知，黄也不必让刘宗周知道。

可是，马士英等人将此事曲解为：黄鸣俊与刘宗周里应外合，欲图谋不轨。因此，马士英严令江苏抚统迅速集结军队，阻止黄鸣俊到南京觐见。刘泽清等人还上疏弹劾、诬陷刘宗周，言语十分恶毒，说"先帝宽诛漏网，伏乞乾断加诛，以为大臣蛊惑世道之戒"。大意是，先帝崇祯皇帝本来就要杀掉刘宗周的，但先帝以宽大为怀而赦免了他。刘宗周现在是越来越不像话，皇帝应果断地将其处死，以警戒其他蛊惑世道人心的不轨之臣。刘宗周本来就是勉强出来做官的，可是人还未入朝即被人参了一本。他七月中旬抵达南京，当其得知以上事情

137

后，心里顿时凉了一大截。他拜谒弘光帝朱由崧之后，便很快上疏请辞，弘光帝仍不许。八月六日，刘宗周正式出任都察院左都御史。以刘宗周眼里容不进沙子的耿直性格，再加上他干的就是检举、纠查官员过失的工作，所以，阁部九卿大臣、封疆大吏以及朝廷中级别不高的官员都被他列入纠弹的范围。刘宗周树敌太多，他在朝廷中相当孤立，而他的对手一刻也没有忘记对他进行打击、报复，弹劾、诬陷刘宗周的奏折一封封地被呈递上去，他不得不为自己作一些辩护。这样一来一往的笔战，让弘光帝多少有一些不悦。

九月初，刘宗周又上了一道奏疏，反对马士英、柳祚昌等人举荐阮大铖为兵部右侍郎。他认为，阮大铖虽然有一定的才干，但心术不正，是一个反复无常的小人，如果对其委以重任，必将贻害无穷。后来的事实也证实了刘宗周的预见。阮大铖步入官场之初，曾是东林党的一名干将，后来又依附于以魏忠贤为首的阉党，阉党不久垮台，他因与阉党有瓜葛而被罢官。南明政权兴起后，阮大铖东山再起，并攫取了重要的官位，与马士英等人狼狈为奸，打击、迫害忠良。阮大铖虽然权倾一时，但其投机钻营的禀性依然未变。当清军围攻南明朝廷时，他主动向清军乞降，随后充当清军征服南明的先遣军，大肆杀戮南明残军以及南方各地的抗清义士，最后病死于随清军南征的路途中。刘宗周所言一点不假，阮大铖这样的人掌权，最终必然会祸国殃民。

其实不止刘宗周一人，当时不少部院大臣、科道官员也纷纷上奏，共同抵制起用阮大铖。可是，弘光帝完全听不进刘宗周等人的劝谏，他不但将阮大铖升任为兵部右侍郎，而且没过多久，又擢升其为兵部尚书。阮大铖连连升迁，与马士英的暗中支持不无关系，甚或就是马一手操纵的结果。弘光帝虽然高居皇帝宝座，但却没有实权，他能够当上皇帝，本身就离不开马士英以及"江北四镇"总兵高杰、黄得功、刘良佐、刘泽清的拥立；他上台后，自然处处受到马士英等人的摆布，成为一个傀儡皇帝。南明政权成立后，马士英任东阁大学士兼都察院右都御史，且仍总督凤阳等处的军务。马士英这次力挺阮大铖复出，并非出于公义，而是为了偿还个人的人情债而已。崇祯年间，马士英因获罪而遭遣戍（放逐罪人至边地、军台戍守），阮大铖在马士英的遣戍期还未结束的时候，就极力举荐他重新出来做官，所以马对阮一直感激涕零。等到马士英掌权的时候，他不顾众大臣的反对，又推荐品行不端的阮大铖到实权部门任职。两人实际上是沆瀣一气、狼狈为奸。

面对这样污浊不堪的朝廷格局，刘宗周又一次彻底失望了。他知道，马、阮之流绝无可能收复北方失地、匡扶社稷，弘光帝也不是什么中兴之主。在南明这个小朝廷里，治国、治军的人才虽然无法与前朝相提并论，但官员之间的争斗、倾轧反而远胜于前朝，忠臣谏士备受打压、排挤，挽救颓败时局的良策得不到采纳。刘宗周无可奈何。作为都察院左都御史的他，甚至想纠正一下弘光帝的一些不良生活习惯都感到非常困难。

徐树铮先生在《血色残阳——南明人物评传》中提到的一件小事就颇能说明这一点。弘光帝朱由崧嗜酒，刘宗周曾劝他戒酒。朱由崧说："为了先生这样劝我，以后再不喝了。"话虽然说得这么漂亮，可是他的脸色一下子不好看了。刘宗周只好改口说："皇上要是每次只喝一杯也没什么。"朱由崧马上借坡下驴，满口答应："您都这么说了，以后就只喝一杯吧！"没想到以后喝酒，太监就给朱由崧准备了一个特大号的金杯。这还不算，喝到一半，他就不喝了，旁边的人当然知趣，赶紧给满上，说没喝完就不算一杯。上下一起作弊，配合默契，皇帝的酒却是喝得比以前还多。

在这样的朝廷中还有什么干头？回去吧！回去吧！刘宗周又要辞职不干了。弘光帝和其爷爷崇祯帝一样，一开始欣赏刘宗周的忠心耿耿，但很快就厌倦甚至惧怕他的直言不讳，所以就批准了他的辞职请求。弘光帝还算仁义，特批刘宗周"驰驿归里，诏给应得恩典……所司致常禄"，即可驾乘驿马回乡，在路途中可享受应有的礼遇，回乡之后可继续领取俸禄。刘宗周说，先帝之仇未报，朝廷当前仍多灾多难，作为臣子，如何安心接受这些恩典？他谢恩之后便坚决推掉了，然后无比寒酸地打道回府了。一代忠臣终去朝，临走之前，刘宗周还给弘光帝呈上了最后一道疏，提出几条忠告，希望弘光帝修圣政、振王纲、明国是、端治术、固邦本。

二、以身殉国

刘宗周离开后的南明小朝廷依旧是纷纷扰扰，不少人还要为阉党翻案，陷害忠良之事层出不穷，甚至已下野的刘宗周还频频遭受诽谤，被诬陷为"奸党党首"。刘宗周当然不用再去理会他们了，他在政坛上已经经历过太多的风风雨雨，他没有必要跟这帮小人再较什么劲。回乡之后，宗周"杜门引罪，每以身余一死为憾"。他这样的忠臣有什么罪？这实际上是宗周本人为自己"定罪"：先帝崇祯皇帝自缢而亡，自己却远在千里之外，数月之后方知先帝已经驾崩，虽几经周折，仍无法组织力量北伐、恢复北方失地。刘宗周感到有愧于崇祯帝，陷入深深的自责之中，有时流着泪说："吾安得从先皇帝于地下哉？"崇祯帝虽然两次将宗周革职为民，但一直未怀疑其忠诚（尽管崇祯帝无数次地猜忌其他大臣或驻守边疆的将领），这算是宗周的幸运；而宗周无论是在崇祯帝生前还是驾崩后，的确是忠心不改。

弘光元年（1645）三月，清军将领多铎率领军队，兵分三路，大举围攻南明弘光小朝廷，所过州县望风而降，而弘光政权直到这个时候还没有忘记搞内讧。镇守江北四镇的四个总兵刘泽清、高杰、刘良佐、黄得功在大敌当前之际，仍是钩心斗角，彼此积怨甚深。史可法算是弘光政权中有血性、有担当的一个人物了，他督师江北，坚决主张抗清，可是却处处受到朝中权臣的牵制，四镇总兵也不听其调遣。

屋漏偏逢连夜雨。驻守武昌的明将左良玉此时又以"清君侧"为名发动内战，向南京进军。左良玉乃行伍出身，在镇压农民起义军的战争中发迹，身居要职，拥兵自重。他不满于马士英、阮大铖等人架空弘光帝、操纵朝政，因此引兵东下，欲与马、阮等一争高下。不料，左良玉在出兵途中突然病死，诸将遂推举其子左梦庚为统帅，继续向南京挺进。马士英、阮大铖等得知后，立即组织军队前去堵剿。当时淮、扬一带已经告急，清军攻势甚猛，可是马、阮之流不管这些，任由清军蹂躏南明的大好河山，却与自家阵营的对手打起来了。南明小朝廷灭亡的日子不远了。

四月，扬州失守，清军对扬州进行了长达十天的血腥屠城，死难百姓达数十万之多，守将史可法被俘，不屈而死。五月，清军逼近南京，赵之龙、钱谦益等人跪地献城，南京沦陷。弘光帝则与少数大臣、宦官仓皇出逃，一路辗转来到芜湖。芜湖是江北四镇之一——黄得功的地盘，黄得功虽愿意效忠弘光帝，但其部将田维等人则密谋降清，并活捉弘光帝献给清军，以邀功请赏。清军先把弘光帝押回南京，后又押解至北京，次年即将其与明朝其他藩王一起以"图谋不轨"的罪名处死。马士英等人先逃往芜湖，后逃到杭州一带，并联合其他大臣及地方诸侯拥立潞王朱常淓在杭州监国。

短短的时间内，南明小朝廷就发生了太多的变故，战争的烽火已经烧到了江南。刘宗周虽然身处乡野，但仍然高度关注时局的变化。当他听说马士英之流置弘光帝安危于不顾、独自逃命后，愤然骂道："我恨不能手刃国贼!"骂归骂，但他自己已无力量与南明朝廷中的邪恶势力进行斗争，于是劝已升任按察副使、分巡宁绍道的于颖上疏请斩马士英；如若不行，则可想方设法直接除掉这个奸贼。于颖前一年还与刘宗周一起商讨过北伐复国之事，可是不到一年，其锐气便已削减大半。不过，他仍按照宗周的嘱托，上疏弹劾并恳请诛杀马士英，但朝廷大权一直为马士英把持着，谁敢动他？至于暗杀马士英，也基本上没有什么可能性，何况于颖还认为，"外臣不可擅杀宰相"，此事遂不了了之。刘宗周又劝于颖招募壮丁，筹措兵器，积极备战，以便随时迎击入侵的清军。他说："吾越有险可恃，一成一旅，断有济于天下事。"他希望于颖守住越地（浙江东部），再图收复天下。不过，南明大势已去，于颖或者其他任何人再怎么努力都是无济于事的。刘宗周还致书被贬在家的大理寺丞章正宸（其为宗周弟子）以及吏科给事中熊汝霖，请他们入城商议抗清事宜。

六月十三日，潞王献城降清，马士英、阮大铖以及其他众多实权派人物要么降清，要么作鸟兽散，各自逃命。六月十五日，刘宗周方得知这个消息，他当时正在家中吃午饭，闻讯后万分悲愤。客观地说，刘宗周尽管从来没有看好南明小朝廷，但多少还抱有一线希望，但这时弘光帝被俘，潞王降清，他已是彻底绝望了。刘宗周决心要殉国。午餐还没有吃完，他就放下手中的碗筷，不再进食，只是"僵卧榻间"。当天，来自余姚的门生张应烨、吕滋求见，宗周吩咐家人把他们请入卧室之中。刚刚坐定，张应烨就急不可待地说："先生是当今天下最有威望的人之一，您的言行、举动对于天下人都有影响。所以，先生万万不要轻易言死。现在潞王虽然已降清，但鲁王、惠王尚在浙江境内。先生可辅佐诸王之中的一位贤者，再图复国之业。人的确都有一死，死对于先生来说不是难事，但先生当以宗庙社稷为重。此时轻弃有用之身，于国于民有何益处？"宗周说："你说得不是没有道理。可是我已是一个老朽之人，不能再做什么了，更不能力挽狂澜。我所能做的，唯有一死，死则可明臣谊、尽臣道。现在不死，更待何时？世间没有苟且偷生的御史大夫。"张应烨又反复劝导，但终究不能打动宗周，只得离开刘府。不料仅隔一天，绍兴一带的不少官员和百姓就纷纷准备献城迎降，形势更加急迫。张应烨又重新赶到宗周住所，劝其出城。宗周说："国存与存，国亡与亡。国家都要灭亡了，吾辈自然无处可逃，也没有逃跑的必要。"张应烨知道宗周不惧死，且常抠住死理不放，便故意以死来激之，于是说道："人固有一死，但古言道，人在死的时候也应选择一个干净的地方。绍兴即将陷落，成为一座降城，难道先生愿意在这里殉国吗？"这一番话说得刘宗周有所心动，他决定迁居城外的水心庵，并且开始少量进食。刘宗周这时放弃速死的打算，目的是盼熊汝霖等人能够不忘明室，募兵抗清，他多活几日，尽管不能做什么实际的事情，但至少能从精神上激励熊汝霖等人不气馁、不妥协，坚持抗清。

六月十九日，绍兴通判张愫和当地的一些士绅竟然渡江而降，宗周听到这一消息后，顿觉五雷轰顶，感到复明大业已经无望，于是他又开始绝食。六月二十二日，宗周门人王毓蓍（其胞弟王毓芝是宗周的女婿）自溺而亡，自杀前曾给宗周留下遗书，暗示他早日作出决断。宗周之子刘汋担心毓蓍的遗书刺痛父亲，不敢呈递，但宗周还是很快知道了此事，这对他来说的确又是一个很大的刺激，同时也更加坚定了他殉国的决心。六月二十四日，刘宗周开始给刘汋交代后事，大意是说，他死后用已备好的薄棺安葬即可，不要请人写祭文，不编文集，等等。

第二天，刘宗周乘坐小船到墓地，准备最后一次祭悼先祖和已故去的亲人。在去墓地的途中，他突然产生了立即结束自己生命的冲动。他跪在船上叩拜，称："老臣无力救国，老臣去矣！"说完即投河，但河水太浅，沉不下去，加之船公发现之后及时施救，宗周溺而不得亡，于是上船，继续到墓地祭祖。祭完之后，刘宗周感到身心极度疲惫，他和随行之人就在离墓地不远的灵峰寺暂时歇息。就在这天，一位清军将领遣人至刘宗周家中送聘书，礼聘他去清廷做官。刘汋赶到灵峰寺，将此事告诉了父亲，并转交了聘书，刘宗周听后甚为不屑，连看都不看一眼，聘书也未拆封。他在由其本人口授、刘汋记录的回信中说："遗民刘宗周顿首启：国破君亡，为人臣子，惟有一死……谨守正以俟。口授荒迷，终言不再。"刘宗周殉国的念头早已萌生，现在已变得非常坚定，他怎么可能背叛明朝而去做清朝的降臣？清军将领看轻了刘宗周的人品。

清军以武力征讨南明，南明的文臣武将中变节投降者固然不少，但像刘宗周这样有骨气、有节操者也大有人在。何俊、尹晓宁两先生在《刘宗周与蕺山学派》一书中指出，在刘宗周殉国前后，仅他的老家绍兴余姚一带就有大批的士人自杀，其中不少是刘宗周的学生。引发当时士人自杀的因素有很多，首先是明朝社稷的坍塌、崇祯皇帝的自尽，这标志着一个大的集团的倾覆，亡国广天下导致了士人巨大的悲恸，以至于不得不通过自杀的方式寻求解脱。其次，类似于东林以及后来复社这样极力倡导气节的社会团体有意或无意激励着士人的殉节行为，甚至以这种做法作为证道的手段和标志。最后，当时的社会也是引发士人自杀的重要因素。士人在亡国之际如果苟且偷生，就会遭到舆论的严厉谴责。刘宗周处在这样的社会氛围之中，他除了殉国之外，是没有别的选择的。当然，不仅仅是社会压力导致刘宗周走上殉国之路，他自己本身即是一位忠义之士，在亡国之际，捐生殉道对于他而言乃是学力和修养工夫达到一定境界之后所必然会出现的结果。同时，还需要指出的是，刘宗周只是不排斥死得其所、死得其谊的"成仁"之死而已，在通常情况下，他主张应珍惜生命，坚决反对没有意义的轻生。

从弘光元年六月二十五日拒绝清军将领征聘开始，刘宗周除了继续绝食之外，又绝了水，当时正值酷暑难耐的夏季，绝食加上绝水，此种煎熬非常人所能忍受。为什么连水也绝掉？他对其女婿王毓芝曾经作过一个解释，他说："我绝食数日，感觉口干舌燥，于是喝了少许茶水，顿时觉得如饮甘露。我这才知道茶水也能延续生命。今后我连一勺水都不能再沾了。"

六月二十九日，刘宗周口吟了一首《绝命辞》，辞曰：

> 留此旬日死，少存匡济意。
>
> 决此一朝死，了我平生事。
>
> 慷慨与从容，何难亦何易？

当时他的另一女婿秦祖轼正在一旁服侍，祖轼欲记下来，宗周将手微微一摆，示意祖轼不用记，说只是想起了熊汝霖，偶发一下感慨而已（他此时对熊汝霖起兵反清之事仍充满着期待）。秦祖轼事后还是把它记了下来，以便使一代大儒的不寻常事迹能够传之后世，嘉惠后人。数百年之后，我们读《绝命辞》，仍可感受到刘宗周早年就已确立的匡扶社稷、拯救斯民的宏伟志向以及晚年以身殉国时的淡定、从容。

刘宗周预感到自己将要离开这个世界。弘光元年闰六月初六日，宗周让家人把他扶起来，整理了一番衣冠，随后"幅巾葛袍，肃容端坐"。他毕竟绝食、绝水多日，身体极度虚弱，坐了一会儿就显得颇为吃力，家人便又将其搀扶到床上，宗周头朝北而躺下，以表示"北面对君"之意。在即将离开这个世界的时候，他仍然表现出非常强烈的忠君思想。第二天，刘宗周已无力开口讲话，只是用手指了指笔砚，女婿王毓芝会意，立即为岳父大人奉上了笔砚、纸张，宗周颇为吃力地握住笔，颤颤巍巍地写了一个"鲁"字。在场的众人一下子就明白了，宗周这是要他们竭力拥护鲁王朱以海监国，众人强忍住眼泪点头答应。已处于弥留之际的宗周所思所想还是如何抗清、复明，他堪称千古罕见之忠臣义士。

闰六月初八日，坊间传言又有一个乡绅剃发降清，刘宗周闻听之后，因过于愤怒，加上持续多日的绝食、绝水，竟然一时气绝，与世长辞，时年六十八岁。他前后绝食约二十天。在绝食期间，宗周内心是泰然的，不过，这种殉国方式给其身体带来了巨大而漫长的痛楚，同时也使得其亲人、弟子及朋友感到无比揪心，备受精神上的煎熬。另据刘汋及姚名达所撰《年谱》记载，宗周"勺水不入口者十有三日"，也就是说，其绝水也长达十三天。在如此酷热的季节，宗周身体没有得到任何补充而又能够坚持这么长的时间，这几乎是一个奇迹，但一代儒宗最终还是溘然仙逝。刘汋遵照父亲遗命，在办理父亲的丧事时一切从简，旐（zhào）幡（引魂幡）上则写着：皇明蕺山长念台刘子之柩。八月二十七日，宗周被安葬于其父秦台公之墓的旁边。

刘宗周去世后的次日，熊汝霖、孙嘉绩等人联合起兵，斩杀了一部分投降清军的南明官吏，并以微弱的力量迎击着来势汹汹的清军。浙东大地上的抗清义举风起云涌，此起彼伏。而鲁王朱以海在张国维等人的拥戴下监国于绍兴；唐王朱聿键在黄道周等人的拥戴下即帝位于福州，改元隆武。刘宗周的遗志居然得到了部分的实现。当然，南明残军无论如何都无法与兵强马壮的清军抗衡，而鲁、唐两王此时为了争夺正统地位，竟然不断发生内讧，大打出手，相互消耗，抗清义士的一切努力最终只能付诸东流。

刘宗周去世后，南明鲁王谥其为"忠端"，唐王谥其为"忠正"，清代乾隆皇帝谥其为"忠介"。刘宗周在中国思想史上也占有一席之地，现当代不少知名学者对宗周其人其学给予了很高的评价：钱穆先生将其称为宋明理学尤其是心学一系的殿军；牟宗三先生将宋明理学分为三系，认为胡宏（五峰）、刘宗周（蕺山）是一系，陆九渊（象山）、王守仁（阳明）是一系，程颐（伊川）、朱熹（晦庵）是一系，"三系"的划分极大地凸显了宗周在宋明理学史上的地位；杜维明先生则将宗周称为"中国 17 世纪最具原创性的思想家之一"……

刘宗周走完了自己苦难而又辉煌的一生。历史不会遗忘这位晚明大儒，其一生事迹及思想遗产将会带给后人无穷无尽的启示。

附　录

年　谱

1578 年（明万历六年）　　正月二十六日，生于绍兴府山阴县（今浙江绍兴）。

1584 年（万历十二年）　　始学于私塾，师事赵公。

1585 年（万历十三年）　　从季叔秦屏公读《论语》。

1586 年（万历十四年）　　从学于族舅章公。

1587 年（万历十五年）　　从学于外祖父南洲公。

1589 年（万历十七年）　　从外祖父南洲公及仲舅莘台公读书于寿昌。

1594 年（万历二十二年）　随母居家于道墟，从学于鲁公念彬。

1595 年（万历二十三年）　应童子试。

1596 年（万历二十四年）　迎娶母族侄女章氏为妻。

1597 年（万历二十五年）　举乡试。

1598 年（万历二十六年）　赴京参加礼部会试，落第归。

1599 年（万历二十七年）　长女刘祖爱生。

1601 年（万历二十九年）　成进士，母章氏卒。

1603 年（万历三十一年）　师事许孚远。

1604 年（万历三十二年）　至京师，授官行人司行人；始交刘永澄；师许
孚远卒。

1607 年（万历三十五年）　始授书于大善寺僧舍。

1611 年（万历三十九年）　迁居蕺山之麓。

1612 年（万历四十年）　　赴京途中经过无锡，拜谒高攀龙。赴江西行册
封礼。

1613 年（万历四十一年）　四月，上《敬循使职疏》；六月，子刘汋（字伯绳）生；十月，上《修正学以淑人心以培国家元气疏》。

1614 年（万历四十二年）　撰《心论》，悟天下无心外之理，无心外之学。

1615 年（万历四十三年）　授课于朱氏解吟轩。

1616 年（万历四十四年）　授课于陈氏石家池；著《四箴》。

1617 年（万历四十五年）　授课于韩山草堂；魏大中来访；著《论语学案》。

1619 年（万历四十七年）　著《曾子章句》。

1621 年（天启元年）　三月，升任礼部仪制司添注主事；十月，上书弹劾宦官魏忠贤及明熹宗乳母客氏。

1622 年（天启二年）　正月，上《修学中兴第一要义疏》；六月，升任光禄寺添注寺丞。

1623 年（天启三年）　五月，升任尚宝司少卿；九月，升为太仆寺添注少卿，拜疏固辞。

1624 年（天启四年）　朝廷擢升其为通政司右通政，仍推辞；上疏参劾魏忠贤。

1625 年（天启五年）　二月，被革职为民；五月，会讲于解吟轩。是年，力倡"慎独"学说。

1626 年（天启六年）　读书于韩山草堂，尤其仔细研读了王阳明的文集。

1627 年（天启七年）　《皇明道统录》编成。

1628 年（崇祯元年）　十一月，被擢举为顺天府尹。

1629 年（崇祯二年）　撰《大学古记约义》；上《面恩预矢责难之义疏》《再申人心国势疏》《冒死陈言疏》；参与京城保卫战。

1630 年（崇祯三年）　上《极陈救世第一要义疏》《敬陈祈天永命疏》；奉旨提调顺天府乡试；奉旨准以回籍调养。

1631 年（崇祯四年）　与陶奭龄等讲学于石篑书院，订立《证人社约》。

1632 年（崇祯五年）　重建古小学，独立讲学。

1634 年（崇祯七年）　　辑《刘氏宗约》《圣学宗要》；著《证人小谱》。

1635 年（崇祯八年）　　辑《孔孟合璧》《五子连珠》。

1636 年（崇祯九年）　　升任工部左侍郎，旋以直陈时事再次被革职为民；立"诚意"之说；夫人章氏卒。

1637 年（崇祯十年）　　辩解"太极"之误，并发明《大学》《中庸》未尽之意。

1638 年（崇祯十一年）　撰《刘氏宗谱》；删定《阳明先生传习录》。

1639 年（崇祯十二年）　撰《重刻王阳明先生传习录序》；改定《经籍考》《古学经》。

1640 年（崇祯十三年）　辑《古小学集记》；立社苍。

1641 年（崇祯十四年）　被擢举为吏部左侍郎。

1642 年（崇祯十五年）　著《原旨》《治念说》；升任都察院左都御史，数月后因直谏第三次被革职为民。

1643 年（崇祯十六年）　著《读易图说》《大学诚意章句》《良知说》《证学杂解》。

1644 年（崇祯十七年）　三月，李自成攻克北京，崇祯帝自缢；五月，福王朱由崧在南京监国，起复宗周为原官；八月，宗周拜命都察院左都御史职；九月，辞官回乡。

1645 年（南明弘光元年）　正月，辑《中兴金鉴录》；五月，改定《人谱》；闰六月初八日，绝食而亡，享年六十八岁。

主要著作

1.《刘子全书》，董玚等编，主要刻本有：清康熙二十五年初刻本（今佚）；嘉庆十三年重刻本；道光四年重刻本；道光十五年重刻本。

2.《刘子全书遗编》，沈复粲等编，清道光二十九年初刻，光绪十八年补刻。

3.《刘宗周全集》，吴光主编，浙江古籍出版社 2007 年版（此书以

151

《刘子全书》道光四年重刻本、《刘子全书遗编》光绪十八年补刻本和《水澄刘氏家谱》民国二十二年排印本为底本，再加上新近发现的若干种刘氏著作，并附录以相关的传记资料、著述资料，重加编辑、整理、校点而成。全集共五种六册）。

参考书目

1. 张廷玉等撰：《明史》，中华书局，1974年。

2. 姚名达：《刘宗周年谱》，上海商务印书馆，1934年。

3. 黄宗羲：《明儒学案》（沈芝盈点校），中华书局，1985年。

4. 嵇文甫：《晚明思想史论》，东方出版社，1996年。

5. 梁启超：《中国近三百年学术史》，东方出版社，1996年。

6. 谢国桢：《明末清初的学风》，人民出版社，1982年。

7. 谢国桢：《明清之际党社运动考》，中华书局，1982年。

8. 侯外庐、邱汉生、张岂之主编：《宋明理学史》（下卷），人民出版社，1997年。

9. ［日］冈田武彦著，吴光等译：《王阳明与明末儒学》，上海古籍出版社，2000年。

10. 牟宗三：《从陆象山到刘蕺山》，上海古籍出版社，2001年。

11. 牟宗三：《心体与性体》，上海古籍出版社，1999年。

12. 刘述先：《黄宗羲心学的定位》，台北允晨文化实业公司，1986年。

13. 杜维明、东方朔：《杜维明学术专题访谈录——宗周哲学之精神与儒家文化之未来》，复旦大学出版社，2001年。

14. 张灏：《幽暗意识与民主传统》，新星出版社，2010年。

15. 萧萐父、许苏民：《明清启蒙学术流变》，辽宁教育出版社，1995年。

16. 郭齐勇主编：《宋明儒学与长江文化》，湖北教育出版社，2004年。

17. 陈来：《有无之境——王阳明哲学的精神》，人民出版社，1991年。

18. 杨国荣：《王学通论——从王阳明到熊十力》，上海三联书店，

1990 年版。

19. 吴根友：《中国现代价值观的初生历程——从李贽到戴震》，武汉大学出版社，2004 年。

20. 张学智：《明代哲学史》，北京大学出版社，2000 年。

21. 蒙培元：《理学范畴系统》，人民出版社，1989 年。

22. 郑宗义：《明清儒学转型探析——从刘蕺山到戴东原》，香港中文大学出版社，2000 年。

23. 袁尔钜：《蕺山学派哲学思想》，山东教育出版社，1993 年。

24. 李振纲：《证人之境——刘宗周哲学的宗旨》，人民出版社，2000 年。

25. 东方朔：《刘蕺山哲学研究》，上海人民出版社，1997 年。

26. 东方朔：《刘宗周评传》，南京大学出版社，1998 年。

27. 何俊、尹晓宁：《刘宗周与蕺山学派》，中国人民大学出版社，2009 年版。

28. 陈永革：《儒学名臣——刘宗周传》，浙江人民出版社，2005 年。

29. 吴震：《阳明后学研究》，上海人民出版社，2003 年。

30. 钱明：《阳明学的形成与发展》，江苏古籍出版社，2002 年。

31. 樊树志：《晚明史》（1573~1644 年），复旦大学出版社，2003 年。

32. 樊树志：《大明王朝的最后十七年》，中华书局，2007 年。

33. 顾诚：《南明史》，中国青年出版社，1997 年。

34. 当年明月：《明朝那些事儿》，浙江人民出版社，2011 年。

35. 徐树铮： 《血色残阳——南明人物评传》，载于 http：//www. tianya. cn/publicforum/Content/no05/1/33579. shtml。

36. 刘金城：《宝应学术十杰——刘永澄》，载于 http：//www. baoying. gov. cn/byqkdzb/show. asp? id＝218。

37. 林乐昌：《王阳明讲学生涯与社会教化使命》，《哲学研究》2006 年第 11 期。

38. 刘岐梅：《论张居正禁讲学》，《孔子研究》2004 年第 5 期。

39. 王汎森：《清初思想趋向与〈刘子节要〉——兼论清初蕺山学派的

分裂》，收入贺照田主编的《在历史的缠绕中解读知识与思想》，吉林人民出版社，2003年。

40. 陈时龙：《从首善书院之禁毁看晚明政治与讲学的冲突》，《史学月刊》2003年第8期。

41. 姚才刚：《王阳明心学的理论缺失及其对中晚明儒学发展的影响》，《哲学研究》2010年第12期。

42. 姚才刚：《许孚远哲学思想初探》，《中国哲学史》2008年第1期。

43. 姚才刚：《宋明理学中的天道性命之说及其伦理价值》，《伦理学研究》2009年第5期。

44. 姚才刚：《论刘蕺山晚年对王阳明心学的辩难》，收入《国际儒学研究》第九辑，国际文化出版公司，2000年。

45. 姚才刚：《论刘蕺山对王学的修正》，《武汉大学学报》2000年第6期。

46. 姚才刚：《〈蕺山学派哲学思想〉读后》，《中国哲学史》1997年第4期。

47. 姚才刚：《传统儒家慎独学说浅议》，《求索》1999年第5期。